Roberto Piumini

El árbol de los cuentos

SAN PABLO

2.ª edición

© SAN PABLO 2014 (Protasio Gómez, 11-15. 28027 Madrid)
Tel. 917 425 113 - Fax 917 425 723
E-mail: secretaria.edit@sanpablo.es - www.sanpablo.es
© 2013 De Agostini Libri S.p.A.

Título original: *L'albero delle fiabe*
Traducido por *Elena Greggio*

Textos de Roberto Piumini
Ilustraciones de Daria Petrilli, Idelma Bertani, Stefania Maragna,
Stefania Colnaghi, Roberta Gherardi,
Silvia Provantini, Lorenzo Donati y Paolo Domeniconi
Coordinadora editorial: Federica Magrin

Distribución: SAN PABLO. División Comercial
Resina, 1. 28021 Madrid
Tel. 917 987 375 - Fax 915 052 050
E-mail: ventas@sanpablo.es
ISBN: 978-84-285-4578-5
Depósito legal: M. 26.685-2014
Printed in Poland. Impreso en Polonia

Las mamás de Cuapé

Cuapé ya sabía nadar y volar, pero todavía era un patito, y seguía a su mamá el último de la fila. Delante tenía a **Pacuá**; delante de Pacuá estaba Picuó; delante de **Picuó** estaba **Cocuá** y delante de Cocuá estaba mamá que, de vez en cuando, se daba la vuelta y decía: «¡Rápido, Cuapé! ¡Cuidado por dónde pisas!». Cuapé era un patito algo despistado.

«¡Venga, Cuapé!», exclamaban Pacuá, Picuó y Cocuá.
Un día atravesaron una pradera. Cuapé estaba mirando volar a las ocas cuando se tropezó, cayó y se golpeó la cabeza contra un trozo de madera.
Su mamá y sus hermanos no se dieron cuenta y siguieron caminando mientras que Cuapé, mareado, intentaba levantarse.

La cabeza le daba vueltas. Se sentía muy aturdido: tan aturdido que no sabía ni quién era ni qué hacía.

¿qué haces aquí solito?

–le dijo una paloma que estaba picoteando
por allí cerca–. ¡Tu mamá está allí!».
Cuapé seguía mareado.
Sabía que tenía una mamá,
pero no recordaba muy bien cómo era.
Siguiendo el consejo de la paloma, fue correteando
hacia donde esta le había indicado y entró
en el jardín de una casa.
Algo redondo y de colores se movió rápido entre la hierba.
«¡Esa tiene que ser mi mamá!», pensó Cuapé,
y se apresuró para alcanzarla.
De pronto vio algo espantoso…
Un niño salió de repente de un arbusto
y dio una patada a esa cosa
y de colores arrojándola en
la hierba. Luego fue detrás de ella…

redonda

«¡Deja en paz a mi mamá!», gritó Cuapé
en la lengua de los patos, y se lanzó
a perseguir al niño. El chico se dio la vuelta.
Vio el patito furioso que corría hacia él
chillando, se asustó y se fue corriendo a casa.
Cuapé corrió hacia la **«mamá»**
que se encontraba en la hierba.
«¿Por qué no hablas? ¿Por qué no te mueves?»,
le preguntaba el patito,

dando vueltas a su alrededor preocupado.

«¿Qué haces aquí todavía, pequeñín? –preguntó la paloma volando encima de él–. ¡Mientras tú estás jugando con esa pelota, tu mamá ya ha llegado al **lago**!».

«¡Entonces esta no es mi mamá!», pensó Cuapé aliviado.
Corrió hacia el lago, brillante bajo el **cielo azul**, y miró. Algo de colores se deslizaba suavemente en la superficie.

«¡Ahí está!», gritó Cuapé, lanzándose al agua
y remando rápido con las patas.
«¡Es ella, es mi mamá!», añadió feliz, nadando.
«¡Nadie le da patadas!».
Siguiendo a su **nueva mamá**, se deslizaba
suavemente por la superficie.
Pero mamá no movía las patas debajo del agua,
se fijó Cuapé. Se dejaba impulsar por el viento, con
su gran ala abierta. Tenía que intentarlo él también.
Inclinándose hacia un lado, el patito abrió una de las alas
y trató de mantenerla abierta hacia arriba, como mamá,
pero perdió el equilibrio y **se hundió en el agua.**
«¿Qué haces, pequeñín? ¿Intentas convertirte
en **un velero?**», le dijo una rana desde la orilla.
«¿Por qué no te vas con tu mamá y aprendes
a nadar como un pato?».
Entonces tampoco esa era mamá,
pensó desconsolado Cuapé.

«¿Dónde está mi mamá?»,

preguntó Cuapé sacudiéndose el agua de las plumas. «¡La acabo de ver allí!», exclamó una bonita mariposa de color amarillo y negro. «¡Estaba volando y te buscaba!». Cuapé no perdió más tiempo y levantó el vuelo, como le había dicho la mariposa. Vio algo de colores que subía en el cielo. «¡Ahí está mamá!», pensó, y aleteó con rapidez.

No fue complicado alcanzarla porque, cuando llegó a cierta altura, mamá se detuvo de golpe y se quedó parada en el cielo, balanceándose con el viento.
«¡Qué raro, puede quedarse en el aire sin mover las alas!», pensó Cuapé.
«¡Yo también pararé aquí arriba!», dijo poniéndose debajo de mamá: pero en ese momento se dio cuenta de que un hilo, recto y tenso, llegaba hasta el suelo: y allí abajo había un niño que lo sujetaba fuerte con las manos y chillaba. Claro, porque aquella no era su **mamá**, sino una **cometa**.

«¡Pobre mamá! ¡Te han capturado!», exclamó Cuapé, que no sabía que era una cometa. «¡No te preocupes! ¡Voy a darle picotazos en la cabeza a ese malvado hasta que te suelte!».

Se lanzó en picado. Entonces, un poco más allá, vio un grupo de patos. Algo se encendió en su mente y en su corazón. Y por fin recordó.

¡Esa era la MAMÁ!

¡Y sus hermanos Pacuá y Picuó! ¡Y también estaba Cocuá! Le estaban buscando. Oía que le llamaban. «¡Cuapé! ¡Cuapé! ¿Dónde estás, Cuapé?», llamaban mientras buscaban entre árboles y arbustos.

«¡Estoy aquí!», exclamó bien fuerte Cuapé, con el corazón emocionado.

El zoo en el jardín

Un hombre muy rico que se llamaba Arrogón se despertó una mañana, bostezó y dijo:

«¡Quiero tener un zoo en mi jardín!». Después llamó a un experto que se llamaba **Gilberto**, y le preguntó: **«¿Qué hace falta para construir un zoo?»**.

«Un montón de dinero», contestó Gilberto, lo cual no era ninguna novedad.
«Lo tengo», dijo Arrogón. «¿Qué más hace falta?». «Se necesitan vallas y espacios adecuados», añadió el experto, aunque eso también lo sabe todo el mundo.

Arrogón llamó a **un albañil,**

a un cristalero, y a un herrero, y mandó construir los recintos con jaulas, piscinas y acuarios.

«¿Y ahora qué hace falta?».
«Faltan los animales»,
dijo Gilberto el experto...
¡Como si no lo supiéramos todos!
«¿Dónde se compran animales?».
«En ningún sitio, **hay que ir a buscarlos»**.
«¿Por dónde empezamos?», preguntó Arrogón.
«Podríamos empezar por los animales de esta zona»,
contestó Gilberto. «Es más fácil encontrarlos».
Así que empezaron a recorrer el campo y,
cuando vieron un ganso, lo atraparon,
a pesar de que exclamaba **cuaC cuaC**
y ***trataba de escapar aleteando.***

Cuando vieron una **tortuga** la cogieron, por
más que se **escondía en su caparazón.**

Cuando vieron un **caracol** lo cogieron, aunque intentaba ***escaparse a máxima velocidad,*** que era de diez centímetros por hora…

Cuando vieron un **lorito** con las plumas verdes lo cazaron, aunque volaba muy alto entre los árboles.

Una vez capturados estos animales y puestos en sus respectivas jaulas, Arrogón preguntó: «¿Y ahora qué más animales necesitamos?».
«Podríamos traer animales de África, que son muy interesantes», contestó el experto, aunque eso hasta un niño lo sabía.
«¡Bien, vamos!», exclamó Arrogón.
Los dos hombres se subieron a un avión y aterrizaron en África. Después, montados en tres grandes todoterrenos llenos de redes y ayudantes, se adentraron en la sabana.

«¡Ahí hay un **leopardo**!», exclamó Gilberto, aunque hasta un miope lo habría reconocido. «¡Cacémoslo!», exclamó Arrogón, y cazaron al leopardo, aunque este intentaba refugiarse encima de un gran baobab.

«¡Ahí hay un **león**!», señaló el experto, aunque cualquiera lo habría visto. «¡Cacémoslo!», exclamó Arrogón de nuevo. Capturaron al león, a pesar de que **rugía y se resistía**.

«¡Ese es un **rinoceronte**!», gritó Gilberto, aunque no estaba seguro: ¡también podía tratarse de un hipopótamo! «¡A por él!», gritó Arrogón... Y lo cogieron, aunque el rinoceronte **corría y cargaba** contra ellos tan fuerte que tuvieron que dispararle tres flechas de somnífero para dormirle.

Poco después llegaron a la selva.
«¡Un **mono**, mirad!», exclamó el experto.
Capturarle no fue nada fácil, pero lo consiguieron.

Regresaron a casa y metieron a todos los animales en las jaulas. «Hay que encontrar algún pez y meterlo en los acuarios», sugirió Gilberto el experto, aunque cualquiera habría dicho lo mismo.

Zarparon en un barco y echaron las redes, pero Arrogón tenía gustos complicados.

«¡Este pez **es demasiado** pequeño!», se quejó. «¡Cierto!», contestó Gilberto, que era experto sobre todo en «hacer la pelota».

«¡Este pez **tiene un color horrible!**»
«¡Cierto!».

«¡La cara de este pez **es muy fea!**», siguió Arrogón. «¡Totalmente de acuerdo!», asintió Gilberto, que nunca se había mirado bien en el espejo.

Finalmente cayó en
la red un gran **pulpo**,
y Arrogón declaró:
«Este me gusta,

con todos esos brazos…».

«¡Son ocho!», añadió
Gilberto, que sabía contar
hasta nueve. De esta forma el pulpo también acabó
en el zoo del jardín y lo metieron en un acuario.
«¡Ahora quiero ir a buscar animales a tierras muy lejanas!»,
exclamó Arrogón. «¡Podríamos ir a Australia o incluso al
Polo Sur!», propuso Gilberto que, para su cumpleaños,
había recibido de regalo un globo terráqueo.
«¡Vamos a ambos lugares!», decidió Arrogón,
y se pusieron en marcha.

En Australia capturaron un **canguro**,

y en el Polo Sur, un **pingüino**. Luego regresaron y los metieron en las jaulas.

El zoo estaba lleno, y Arrogón se paseó por él mirando los animales.
Pero todavía no estaba satisfecho… **y enseguida se puso a pensar** cómo hacer que su jardín fuese más especial.

¡Todos libres!

Al despertarse una mañana, Arrogón bostezó y dijo:

«Ya me he cansado de mi zoo. ¡Quiero convertir mi jardín en un maravilloso **Parque de Atracciones**, todo para mí!».

«¿Y qué hacemos con los animales?», preguntó **Gilberto**.
«Decide tú, que eres el experto», contestó Arrogón.
«Creo que deberíamos devolverlos al lugar donde los cogimos», sugirió Gilberto, que había empezado a coger cariño a los animales y se había percatado de que sufrían en las jaulas y en las **piscinas.**

«¡Ah no, eso me costaría un montón de **dinero**!», protestó Arrogón.

«No más de lo que se gastó para ir a capturarlos», dijo Gilberto que, además de haberles cogido cariño a los animales, también había empezado a usar la cabeza. «No es lo mismo gastar dinero para hacer algo que me apetece que derrocharlo para deshacerlo –dijo Arrogón–. No tengo intención de tirar mi dinero para mandarlos a su casa. Trata de solucionar el problema y quita los animales de mi jardín como sea. ¡Date prisa, porque dentro de un mes haré traer los tiovivos, **la noria** y las demás atracciones de mi nuevo y maravilloso **Parque de Atracciones**».

Gilberto se puso a buscar soluciones. Primero pensó en donar los animales a los zoos de las ciudades cercanas: escribió y llamó por teléfono, pero ningún zoo estaba interesado.

Luego publicó unos anuncios en los periódicos para ofrecer los animales: pero nadie tenía espacio en su jardín para un **rinoceronte**, ni quería tener un león en el salón o un pulpo en la pecera.

Gilberto estaba muy preocupado porque veía que los animales sufrían cada día más en sus jaulas. También estaba enfadado con Arrogón, porque sabía que se había portado mal sacando a los animales de su ambiente y que **se estaba comportando mal** ahora también, ya que no los quería devolver al lugar de donde venían. Además, estaba enfadado consigo mismo por haber ayudado a Arrogón en esa locura.

Después de mucho pensar, finalmente decidió ir a ver a Arrogón para que cambiara de idea.

«¡Si no consigo convencerle y sigue sin querer gastar su **dinero** en devolver a los animales, por lo menos le diréa la cara lo que pienso!», se decía.

Así que se armó de valor y entró en la casa de Arrogón para encontrarse con él.

En la casa no había nadie.

Gilberto se fue derecho al despacho de Arrogón.

Allí tampoco estaba.

Encima del escritorio había varios montoncitos de billetes, cada uno cerrado con una faja.

En una de estas fajas estaba escrito: «La noria».

En otra: «Dos carruseles».

En otra: «**Coches de choque**».

En otra más: «Castillo del miedo».

Y luego había una nota que ponía: «Pagar a la empresa Construcciones de Parques de Atracciones cuando vuelva de París».

Así que Arrogón estaba en París, pensó Gilberto. Y allí estaba todo el **dinero** para comprar ese absurdo e inútil parque de atracciones. Mucho más del dinero gastado para ir a buscar a los animales por el mundo. Gilberto pensó, volvió a pensar y decidió. Cogió el dinero que le hacía falta y salió.

Compró un camión enorme, en el que hizo colocar jaulas y **acuarios**. Llevó a los animales al camión y emprendió su viaje.

Primero fue al lugar donde atraparon al lorito, al caracol, a la tortuga y al ganso, y **los dejó libres.**

Luego se embarcó con el camión cargado. Cuando el barco pasó por el tramo de mar donde pescaron al pulpo, **lo liberó.**

Cuando llegó a África, volvió a los lugares donde habían capturado al león, al rinoceronte, al leopardo y al mono, **y los dejó libres.** Luego navegó hasta Australia, donde liberó al canguro, y hasta la Antártida, donde dejó libre al pingüino.

Liberados todos los animales, volvió a casa, vendió el camión y, como le había sobrado dinero, fue a casa de Arrogón para devolverlo.

«A saber si habrá construido su **Parque de Atracciones**...», pensaba. «Incluso sin el dinero que he cogido tiene bastante para hacer lo que quiera...».

Cuando llegó a casa de Arrogón, sin embargo, no vio ninguna noria, ni escuchó la música del parque de atracciones, sino el rugido de un motor. Entró. El jardín se había convertido en una pista de **karts**. Arrogón, solito, daba vueltas en kart por la pista, entre el sonido agudo y **estruendoso** del motor. Gilberto se quedó mirando esa triste escena durante unos minutos, luego **se encogió de hombros,** dejó en la mesa el dinero sobrante y se marchó.

Muchos conocemos la historia de Noé que, al enterarse de que caería un diluvio del cielo, construyó un gran barco en el que hizo subir a una pareja de animales de cada especie para que se salvaran.

Durante los días de lluvia, el **Arca,** así se llamaba el barco, fue flotando en el agua que cubría el mundo.

Durante el diluvio los animales se quedaron quietecitos, Después de muchos días, la **lluvia** fue menguando y luego cesó. Poco a poco, con el calor del sol, las tierras volvieron a **emerger,** primero como islas y luego en territorios extensos.

Así dice el cuento.
Noé empezó a **desembarcar** a los animales, que se fueron **corriendo, volando** y *reptando.*

Pero no todos saben que cinco animales, cuando llegó el momento de dejar el Arca, no quisieron marcharse: el León, la Vaca, la Gallina, el Cocodrilo y la Jirafa. «¿Por qué tenemos que volver a la tierra?», preguntó el **León**.

«¡Allí hay que esforzarse, en cambio aquí se está muy a gusto!», exclamó la **Vaca**.

«¿Quién nos asegura que no volverá el diluvio?», preguntó la **Gallina**.

«¡El agua me gusta, pero el diluvio no!», dijo el **Cocodrilo**.

«¡Quedémonos aquí en el Arca!», concluyó la **Jirafa**.

Noé, obviamente, no estaba de acuerdo. «Queridos animales –dijo–, ya no hay riesgo de diluvio en la tierra y ya sabéis enfrentaros a los demás peligros». Pero los cinco no se dejaron convencer y se quedaron a bordo. «Amigos animales –insistió Noé–, no fuisteis creados para vivir en un barco, sino en la **sabana,** en las **praderas,** en los **ríos…** ¿No os habéis fijado en los demás? ¡Ahora están felices!».

No había manera, los animales no se movían. Todo lo contrario, como solo estaban ellos en el Arca, tenían más espacio y estaban hasta más cómodos.
Noé se puso a pensar.
En un primer momento consideró la posibilidad de coger un bastón y *echarlos,*
pero le parecía mal pegarles.
Además, podía ser peligroso.
Por fin tuvo una **idea.**

A la mañana siguiente, mientras el Arca estaba cerca de un territorio de un hermoso verde, agarró a la Gallina que dormía al sol y la **arrojó** por la borda.

La Gallina, **cacareando**, se cayó al suelo.

«¿Qué pasa?», preguntó la Vaca cuando escuchó ese escándalo.

«La Gallina se ha fugado», contestó Noé.

«¿Por qué?».

«Porque ha oído al León diciendo, mientras dormía, que hoy se la comería para dejar más **e s p a c i o** en el Arca».

La Vaca pensó que, si el León quería espacio, antes o después se la comería a ella también, así que pidió a Noé: «¡Déjame bajar del Arca, por favor!». Noé acercó el barco a tierra y puso la pasarela.

La Vaca bajó trotando, y se alejó.

El Arca siguió navegando. Noé la llevó por un río costeado por árboles con ramas muy largas.

«¡Cuidado, que me doy en la cabeza!», chilló la Jirafa esquivando las ramas, pero Noé llevó el Arca hacia un lugar donde había más ramas.

«¡Ay!, ¡uy!», gritó de nuevo la Jirafa por los golpes. «¡Arrima el barco, por favor!».

Noé arrimó el barco a la orilla y puso la pasarela.
La Jirafa bajó haciendo un gran ruido con las pezuñas. Luego el Arca volvió a zarpar. «¿Qué era todo ese escándalo?», preguntó el León bostezando.
«La Jirafa se ha marchado –dijo Noé–. ¡Porque no aguanta convivir con unos monstruos peludos y malolientes!».
El León **rugió,** se levantó y dijo:
«¿Ah, sí? ¡Arrima el barco, por favor!». Noé obedeció y no hizo falta ni pasarela, pues el León **brincó a tierra** y se puso a **perseguir** a la Jirafa.

«¿Dónde están los demás?», preguntó el Cocodrilo asomándose a cubierta. «Han abandonado el barco», contestó Noé.
«¿Por qué?».
«Porque los animales terrestres notan cuándo un barco está a punto de **hundirse**», explicó Noé.
«¡Yo también me marcho! –dijo el Cocodrilo–. ¡No me da miedo el agua, **me gusta mojarme** solo cuando me apetece!», y se deslizó por el puente.

Noé sonrió y, volviendo a maniobrar el Arca, puso rumbo al todavía **lejanísimo monte Ararat.**

La rabieta de Mosquita

El pato Patá, con sus hijos Patito y Patita, se deslizaba por el estanque tranquilo, remando despacio con las patas debajo de la superficie.
Patito estaba contento porque hacía poco había aprendido a impulsarse bien con las patas y a nadar recto como mamá, mientras que antes iba en **zig zag**, como las ranas.

Patita estaba contenta porque ahora podía seguir el ritmo de su mamá y su hermano sin esfuerzo, mientras que antes se quedaba atrás y los demás tenían que pararse a esperarla.

Patá también estaba contenta: nadar por el estanque con sus patitos sin tener que estar pendiente de ellos **era realmente delicioso.**

Nadaban felices, dejando una estela finita, sin molestar a nadie.
Pues no.
Por muy finita que fuera, la estela no dejaba de ser **una ola**, que golpeó una flor de nenúfar en la que dormía una minúscula hada que pasaba por allí, que se llamaba **Mosquitita.**
La ola era pequeña y el oleaje débil, pero Mosquitita era diminuta y **ligera**, y se despertó. Miró a su alrededor, vio la ola y luego a los patos alejándose por la superficie del estanque.

Molesta, con un guiño dirigió las manos hacia los patos. Luego se volvió a tumbar en la flor y se quedó dormida.
¡Entonces ocurrió algo muy raro!
«¡Mira, mamá!», gritó Patito parándose de golpe.

Patá se paró y se dio la vuelta hacia su hijo.
«¿Qué pasa?».
El patito miraba el agua asustado.
«¡Aquí abajo, mamá, mira!», exclamó.
Patá miró pensando que el pequeño había visto un pez más grande de lo normal. Pero no era un pez. Debajo de la superficie, del revés, había una imagen de pato que se alejaba hacia la orilla.
Patá se quedó boquiabierta por la sorpresa y miró el agua debajo de ella: el reflejo de su imagen había desaparecido.

«¡Mamá! ¡Mamá!», chilló Patita. «¡Mira!».

Patá se dio la vuelta de nuevo: en el agua la imagen del revés de Patita iba en zigzag hacia el cañizar.

«¿Mamá, qué está pasando?», lloriqueó Patito. Su reflejo también se había separado de él y regresaba hacia los nenúfares por donde pasaron antes. Patá sacudió la cabeza y dijo: «Pequeños míos, no lo sé. Nunca he visto nada parecido. Pero no podemos dejarlos marchar así. Tenemos que recuperarlos».

«Nosotros… ¿solitos?», preguntó Patita.

«Sí», contestó Patá suspirando. **«Cada uno tiene que ir a recuperar su reflejo».**

«¿Y si me pierdo?», susurró Patito.

«Nos vigilaremos, pequeños», los tranquilizó Patá.

«Ahora vamos antes de que desaparezcan».

Los tres patos se separaron, cada uno nadando rápido hacia su reflejo. Patita, en **zigzag**, perseguía su reflejo, mientras Patito jadeaba para alcanzar el suyo. Patá, que hablando a sus hijos había perdido de vista el suyo, nadaba en círculo para localizarlo.

La escena era muy rara. A las libélulas, las ranas, los pájaros, los peces y las mariposas del estanque les llamó la atención ver a los tres nadando de esa manera, se extrañaron y se rieron. «¿Qué hace Patita? ¿Caza al pez Zigzagón?», decía uno.

«**¡Mirad a Patito, cuánto le cuesta!**».

«Y Patá, ¿por qué nada en círculo? ¿Ha comido la flor Borrachina?».

Así, los patos, preocupados, perseguían sus reflejos y los demás animales del estanque se lo pasaban genial mirándolos. Por todas partes se escuchaban risas, voces y comentarios graciosos. Si tan solo una ola había despertado a Mosquitita, os podéis imaginar lo que ocurrió con tanto escándalo.

El hada abrió los ojos, y miró a su alrededor.

Ya había descansado, porque a un hada le bastan pocos instantes de sueño.

Cuando se enteró de lo que estaba pasando **se sonrojó,** avergonzada.

De pronto los patos se pararon, mirando abajo. Los reflejos estaban debajo de ellos, quietos, como siempre. Los demás animales, como se había terminado la diversión, dejaron de hacer tanto ruido y se **dispersaron** por el agua y por el aire.

Patito y Patita se acercaron a Patá, que los esperaba en medio del estanque.

«¿Todo bien, hijos?», les preguntó.

«¿Mamá, qué ha pasado?», dijo Patita.

«Tal vez los reflejos también necesiten un poco de libertad», susurró su mamá.

«¡Eso mismo dice la rana Grande! –exclamó Patito–. Pero asegura que nuestras imágenes se van por ahí solo cuando estamos dormidos».

«Puede que esta vez se hayan equivocado… –comentó Patá–. Sin embargo, creo que **no volverá a ocurrir nunca más.**

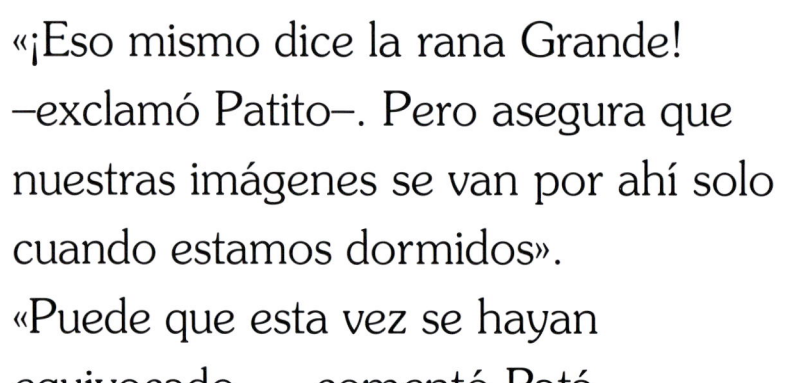

Ahora volvamos al nido, pequeñines».

Y los tres patos se alejaron nadando por la superficie del estanque, uno tras otro, tranquilamente.

El robot triste

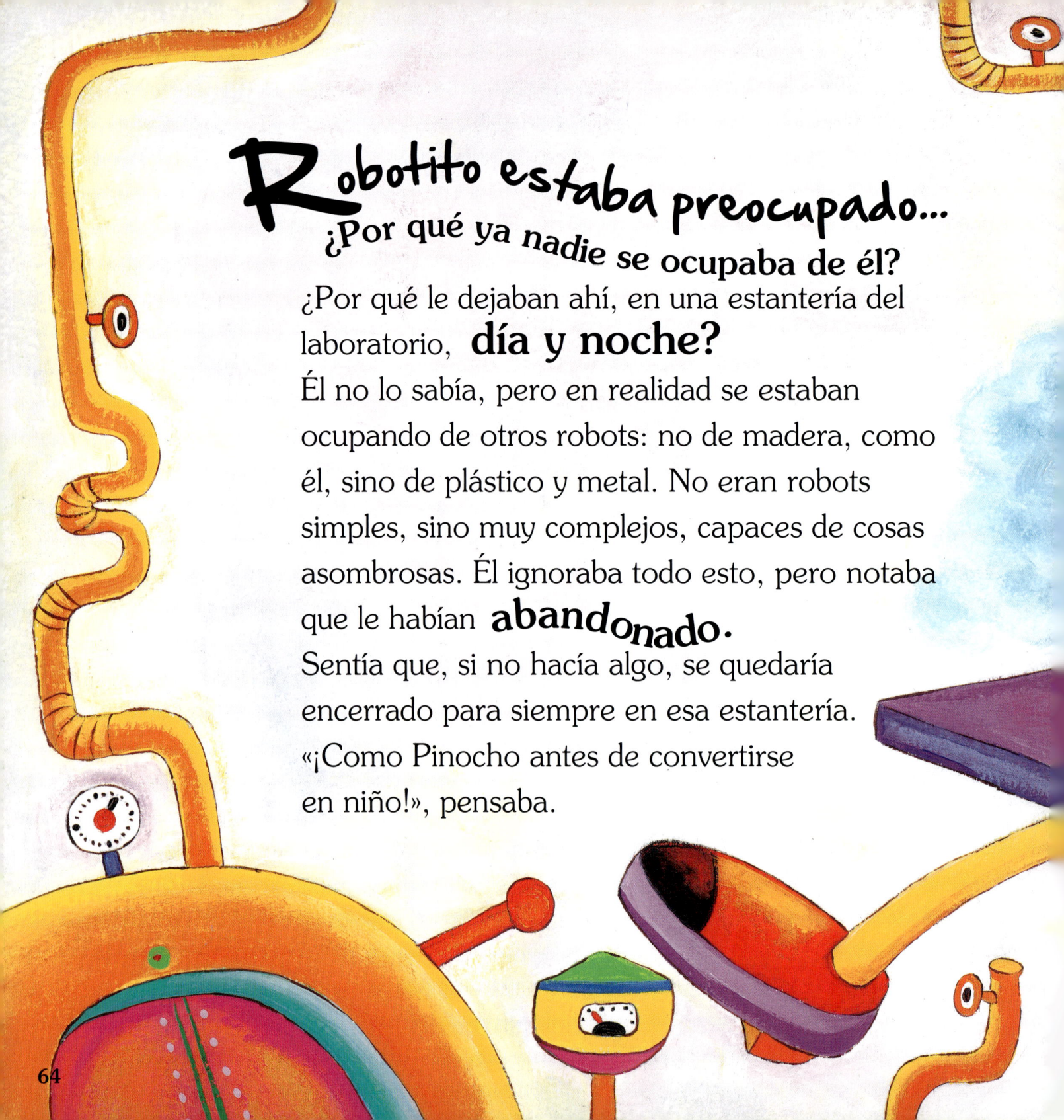

Robotito estaba preocupado...

¿Por qué ya nadie se ocupaba de él?

¿Por qué le dejaban ahí, en una estantería del laboratorio, **día y noche?**

Él no lo sabía, pero en realidad se estaban ocupando de otros robots: no de madera, como él, sino de plástico y metal. No eran robots simples, sino muy complejos, capaces de cosas asombrosas. Él ignoraba todo esto, pero notaba que le habían **abandonado.**

Sentía que, si no hacía algo, se quedaría encerrado para siempre en esa estantería. «¡Como Pinocho antes de convertirse en niño!», pensaba.

¿Qué podía hacer? Solo no se podía mover porque no tenía un mecanismo para accionar sus piernas y sus brazos de madera. Tal vez, esforzándose mucho, podría inclinarse hasta caerse, pero luego se habría quedado así, sin poderse mover. Mientras reflexionaba tristemente, notó un hormigueo en la pierna. Algo o alguien estaba trepando encima de él.
«¿Quién eres?», preguntó.

«Croma, la carcoma», contestó una voz bajita.

«¿Qué pretendes?», preguntó Robotito notando un escalofrío en el cuerpo.

«¡Trabajar! —exclamó Croma—. **¡Soy una carcoma y, si hay madera, tengo que comérmela!**».

El escalofrío de Robotito se convirtió en temblor.

«¡No puedes comerme!», protestó.

«Pues sí puedo —contestó la carcoma—. Pero no temas: tardaré muchísimo tiempo». Y volvió a trepar, mientras Robotito reflexionaba muy nervioso.

«Oye, Croma… Te voy a proponer una cosa», anunció. «Yo estoy hecho de una madera muy… muy rica, ¿verdad?». «Bueno a ver, **no eres de una madera riquísima…**, pero no hay que ponerse exquisitos», contestó la carcoma. «Si en vez de comerme te subes a mi cabeza y cavas un agujerito ahí, tal vez, cuando estés dormida, podría aprovechar un poco de tu energía vital y ***moverme*…**».

«Luego podría llevarte a un sitio donde haya una madera más rica. ¿Has oído hablar de los almacenes de muebles?».

«Oh, sí. Nosotras las carcomas tenemos leyendas sobre eso», suspiró Croma.

«Entonces, ¿trato hecho?».

«Podemos intentarlo», contestó Croma. Trepó hasta la cabeza de Robotito, empezó a cavar un huequecito y entró. Y, como le había costado mucho esfuerzo, se quedó dormida.

Y, ¡sorpresa! Mientras ella dormía, Robotito empezó a pensar en moverse: y su pensamiento, aprovechando la energía vital de la carcoma, se convirtió en fuerza,
en movimiento.

Sus piernas se movieron y sus brazos, también. Despacito y con mucho cuidado, Robotito abrió la puerta, bajó al suelo y, con movimientos prudentes y paso lento, salió del laboratorio; llegó a la calle, la cruzó y, como tenía mucha suerte, entró en un almacén de viejos trastos que había cerca. Cansadísimo, se escondió en una cajonera a descansar.

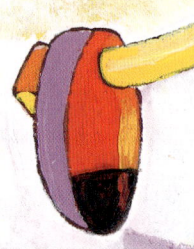

Al rato, escuchó una voz en su cabeza que decía: «¡Vaya vaya, **qué olor más delicioso!** Mmmm, ¡esta es una aromática madera de **sándalo!** ¡Esto es un riquísimo roble! ¡Y también hay **ébano crujiente!**».

ALMACÉN DE TRASTOS VIEJOS

«¿Has visto, Croma?», preguntó el robotito.

«Visto y olido –confirmó la carcoma **Saliendo fuera** de la cabeza. Pero antes de lanzarse al manjar más cercano, se paró y preguntó–:

¿Y ahora qué pasa contigo?

Si me marcho, te quedarás aquí, parado...».

«Cierto –contestó Robotito–, pero tal vez me vea alguien y me compre para su niño...».

«Esta es una tienda de muebles antiguos, ¿quién va a comprar un robotito? –respondió Croma, y luego añadió–: Te voy a hacer una propuesta». «¿Qué propuesta?». «Después de mi banquete, volveré a dormir en tu cabeza. Así, si te apetece, podrás darte una vuelta por ahí y, si encuentras un lugar que te guste y donde haya madera para morder, te podrás quedar».

«¡Es una idea genial!», exclamó Robotito, y así hicieron.
Desde aquella noche Robotito se fue por ahí con su amiga carcoma, y todavía siguen los dos paseando.
Si dejas abierta la puerta de tu cuarto, tal vez una noche **venga a visitarte**...

Érase una vez tres pájaros: uno amarillo, uno verde y uno rojo.

Eran amigos y siempre estaban juntos: cuando jugaban en el suelo y cuando buscaban comida sobrevolando bosques y praderas.

A los tres les gustaba mucho planear en el aire: se pasaban horas enteras volteando **arriba y abajo**, de un lado a otro, batiendo las alas o dejándose llevar por el viento.

Un día, uno de ellos exclamó: «¡Qué grande es el cielo! Se extiende por todos lados, **a saber dónde acaba!**».
Otro añadió: «Nosotros solo conocemos un trocito… ¡Cuánto cielo tiene que haber más allá **del horizonte!**».
El tercero propuso: «Somos muy buenos volando: ¿por qué no partimos y llegamos allí donde acaba el cielo?».
Así que decidieron **levantar el vuelo** y volar hacia delante, hasta el final del cielo.

Partieron una mañana de sol y volaron hacia occidente. **Vuela que te vuela,** siempre en la misma dirección, pasaron por valles y montañas, llanuras y lagos. De vez en cuando se paraban en un árbol o un campo a comer unas semillas o unos insectos, y luego volvían a emprender el vuelo.

Vuela que te vuela, un día el pájaro amarillo dijo: «Amigos, estoy cansado. El cielo es demasiado grande. Miro hacia delante y **no veo que** acabe... Seguid vosotros, que todavía tenéis fuerzas y, si llegáis al final del cielo, volved y me lo contáis todo».

Los otros dos pájaros sentían dejarle allí, pero como todavía tenían fuerzas y querían llegar al final del cielo, se despidieron y retomaron el viaje.

Pasaron por encima de ciudades y ríos, mares y campos y, cuando bajaban a tierra, veían plantas extrañas, animales y hombres desconocidos.

Vuela que te vuela, un día el pájaro verde dijo: «Amigo mío, **¡tal vez el cielo no acabe nunca!** Miro hacia delante y queda más y más. Sigue tú y, si llegas al final del cielo, regresa y cuéntamelo todo».

El pájaro rojo sentía dejar allí a su amigo, pero todavía tenía fuerza en las alas, así que se despidió y retomó el viaje volando,

siempre hacia el mismo destino.

Vuela que te vuela, el cielo no terminaba nunca. El pájaro aguantaba, pero ya no era como antes. Volar solo no era igual de bonito y, cuando al atardecer se apoyaba en la rama de un árbol para dormir en un lugar desconocido, se sentía solo y también un poco asustado.

Sus fuerzas se estaban acabando.

Una mañana, levantando el vuelo, decidió que, si no encontraba el final del cielo ese mismo día, *regresaría* en busca de sus amigos.

Vuela que te vuela, el cielo no acababa. «En breve regresaré», pensaba **el pájaro rojo,** pero no estaba seguro de tener fuerzas para recorrer el camino de vuelta. Estaba a punto de girar hacia oriente cuando, **debajo,** vio **algo raro:** o, mejor dicho, ¡algo conocido!

Sobrevoló la zona, sorprendido, y se dio cuenta de que los bosques y las praderas que veía eran el lugar donde nació y donde había vivido los mejores momentos de su vida antes de empezar el viaje.

«**¡Entonces el mundo es redondo!** –pensó el pájaro, que no sabía lo que sabemos nosotros–. ¡Por eso el cielo no acaba: **volando** y **volando** se da la **vuelta al mundo!**».

Se dirigió hacia un árbol que le resultaba familiar, pensando:

«¡Descansaré un rato y luego regresaré para contarles a mis amigos lo que acabo de descubrir!».

Pero no hizo falta que regresara: en el árbol vio dos manchas de color, una **verde** y una **amarilla** en una rama.

Sus dos amigos ya habían vuelto. Los pájaros se alegraron mucho y comenzaron a **cantar y aletear**. Luego el pájaro rojo les contó lo que acababa de descubrir. **«¡Has volado tanto y has regresado!»,** exclamaron los otros dos acariciándole con sus alas. «¡Y ya no me marcharé! ¡Me quedaré con vosotros!», dijo él.

Y así fue: los tres amigos permanecieron siempre juntos, volando, jugando, buscando insectos y…

Mezclando sus tres colores en el azul del cielo.

Los cuernos de Cornelia

La vaca Cornelia tenía unos cuernos muy bonitos en forma de manillar.

Igual que ella, que era un poco blanca y un poco **negra,** sus cuernos eran blancos en la parte inferior y negros en las puntas. Con esos bonitos cuernos, Cornelia no le hacía daño a nadie porque era una vaca pacífica y tranquila. Pero un día llegó el granjero **Granjerudo** y le preguntó: «Cornelia, **¿de qué te sirven esos cuernos?** No tienes que luchar, como hacían antiguamente las vacas salvajes. Además, a pesar de ser pacífica y tranquila, moviéndote de un lado a otro podrías pincharme. Te los cortaré. Y tal vez los venda para ganar algo».

«¡No, por favor! –suplicó Cornelia–. Me sentiré rara sin mis cuernos. Y ridícula. O muy fea. Una vaca debe tener sus cuernos. ¡Por favor, no me los quites! Te daré mi leche para que la vendas».

Así, Granjerudo cogió la leche de Cornelia, **ordeñándola** hasta la última gota, y por un tiempo la dejó en paz. Pero, después de un mes, volvió con sus comentarios: «¿De qué te sirven unos cuernos tan largos, Cornelia? Te los cortaré sin hacerte daño, y los venderé a alguien para que haga algo bonito con ellos».

«¡No, por favor! –imploró Cornelia sacudiendo desesperadamente la cabeza–. Les tengo mucho cariño a mis cuernos. Cuando me empezaron a crecer, me hacían **cosquillas** en la cabeza... ¡Te lo ruego, no me los cortes!».

«¿Qué me puedes dar a cambio?», preguntó el bribón de Granjerudo.

«Me puedes cortar la mitad del mechón de la cola –contestó ella–. Es un bonito mechón, **largo y suave**, y lo podrías vender para hacer pelo de una muñeca, o incluso pelucas para señoras...».

«Cierto», dijo Granjerudo tocando el mechón, y luego cortó la mitad y se fue a venderlo.

Ahora a Cornelia le costaba más defenderse de moscas y tábanos cuando estaba pastando, pero estaba contenta de haber salvado sus cuernos. Unas semanas después, Granjerudo volvió a darle vueltas al tema.

«En serio, Cornelia, **esos cuernos que tienes no te sirven para nada...** ¿Sabes que se podrían vender como amuleto a muy buen precio? Creo que te los voy a cortar...».
Cornelia protestó: **«¡No, no, por favor! ¡Déjame mis cuernos!».**

«¿Qué me puedes dar a cambio? –preguntó el malvado granjero–. Ya te he quitado la leche y medio mechón de la cola... No tienes nada más para darme».

«Sí que tengo algo», afirmó Cornelia.

«¿En serio? ¿Y qué es?», preguntó Granjerudo curioso.

«Es algo que tengo yo, pero es un secreto», dijo Cornelia **ba**jando el tono de voz.

«Nosotras las vacas lo tenemos, pero no lo sabe nadie...».

«Entonces dámelo, venga», dijo Granjerudo.

«Ya te lo he dicho, es un secreto –insistió ella–. Te lo daré, pero no puedes ver dónde está escondido». «¿Qué tengo que hacer, pues?».

«Te tienes que dar la vuelta y esperar a que vaya a buscarlo».

Granjerudo se dio la vuelta. Cornelia empezó a caminar.

«¿Ya lo tienes?», preguntó él.

«¡Todavía no!», contestó ella mientras seguía avanzando. «¿Lo tienes ahora?», volvió a insistir.

«Aún no, pero en breve lo tendrás».

Y cuando Cornelia se había alejado treinta pasos, se dio la vuelta y, bajando la cabeza, *se lanzó contra Granjerudo.* «¿Por fin lo tienes?», preguntó él.

«¡Aquí está!», gritó ella, ya detrás de él. Y, ¡pumba! Le embistió tan fuerte que le envió no solo más allá de la huerta, ni más allá de la pradera, ni más allá del río, sino hasta más allá de la colina.
Y cuando Granjerudo cayó al suelo, en el otro lado de la colina, estaba tan aturdido que nunca más encontró el camino de vuelta.

Y así fue como Cornelia salvó sus cuernos y Granjerudo recibió su merecido.

Los trucos de Capricho

Érase una vez un mago chapucero que se llamaba Capricho.

Un día fue a verle **el pastor Ovilio** y le dijo: «Mis ovejas se están quedando muy **delgadas**, mago Capricho. Ya no tienen el apetito que tenían antes, ¿sabes?».

«No hay problema, Ovilio –le contestó el mago–. Toma este jarabe y échale una gota en la boca a cada oveja, y ya verás».

Ovilio hizo lo que le dijo el mago, y en pocos días las ovejas empezaron a comer con gran apetito y a **engordar como cerditos.**

La verdad es que no solo engordaron como cerditos, sino que empezaron a tener aspecto de cerditos: la nariz se les levantó, el vello se les puso corto y duro… Además, estaban tan **gordas** que no cabían en el redil, y Ovilio no sabía dónde ponerlas.

Pero eso no era todo: antes pastaban todas juntas pacíficamente, mientras que ahora se habían vuelto agresivas y a menudo se perseguían en las praderas.

Y en lugar de decir «**bee, bee**», decían: «Oinc, oinc».

«¡Beeee, beeee!».

Ovilio, que en principio se había quedado contento con la novedad, empezó a preocuparse. Mientras tanto el **burrero Córcholo** fue a ver al mago Capricho y le dijo: «Mago, mis burras llevan tiempo produciendo poca leche, ¿qué puedo hacer?».

«**Toma esta pomada,** Córcholo, y úntales la cabeza con ella –contestó Capricho–. **Todo se arreglará**».

Córcholo hizo lo que le dijo y empezaron a brotar cuernos en las cabezas de las burras, y grandes mamas como si fueran **vacas**. Leche sí producían, pero si Córcholo las ponía a tirar del carro, se negaban. Y, cuando rebuznaban, en lugar de «hi ho, hi ho» hacían:

«¡Muu uuu, Muu uuu!».

Córcholo estaba desconcertado.

Mientras tanto, el **ganadero de cerdos Porcino** fue a ver al mago Capricho quejándose: «¡Mis cerdos siempre están sucios! ¡Paso más tiempo limpiándolos que haciendo las demás tareas!». «Echa esta harina especial en su comida», le dijo Capricho.

«Verás como el problema se soluciona».

Porcino siguió la recomendación, pero a los cerdos se les fueron aplastando los morros y les brotaron largos y finos bigotes. Empezaron a lamerse con cuidado las cerdas, que ahora estaban suaves, tomaban el sol todo el día y ya no decían **«Oinc, Oinc»**, sino **«¡Miau, Miau!»**.

Porcino estaba desesperado, y decidió hablar con Capricho para solucionarlo. En el camino coincidió con Córcholo y Ovilio: ellos también iban a ver al mago para solucionar las transformaciones de sus animales. Cuando los tres le contaron lo ocurrido y le preguntaron por un remedio, Capricho abrió los brazos y dijo: «Queridos amigos, a veces hacer magia es fácil, pero deshacerla no».

«Por ejemplo, inventé el **jarabe**, la **pomada** y la **harina** pero todavía no he descubierto el remedio para anular sus efectos».

«¿Qué vamos a hacer ahora? –preguntaron los tres–. Hay que tener paciencia y **esperar hasta que acabe el efecto».**

«¿Estás seguro de que acabará?». «Sí, estoy seguro, pero no sé exactamente cuándo». Los tres volvieron a su casa y se resignaron a sus **burras-vacas, cerdos-gatos y ovejas-cerdos.**

Cuando se veían, se preguntaban si había novedades:

«¿Qué dicen ahora tus cerdos, Porcino?».

«Miau, miau», contestaba él desconsolado.

«¿Qué dicen tus burras, Córcholo?».

«Muuu, muuu».

«¿Qué dicen tus ovejas, Ovilio?».

«Oinc, oinc».

Pasaron unos meses sin cambios.

Un día, Porcino y Ovilio, al pasar cerca de la casa de Córcholo, le preguntaron: «¿Qué tal, amigo?».

«¡Estupendamente! –contestó–. Esta mañana, de repente, mis burras han vuelto a decir: **"Hi-ho"**. Han desaparecido las mamas y los cuernos: ¡han vuelto a ser unas burras de verdad, como antes!».

Porcino y Ovilio corrieron a casa y descubrieron que los cerdos ya no parecían gatos y que las ovejas ya no eran cerdos. Todos estaban muy contentos.

Desde aquel día, sin embargo, cuando veían de lejos al mago Capricho, *cambiaban de camino...*

El tigre perezoso

Un cachorro de tigre iba por ahí intentando cazar pájaros, pero estos, nada más verle, se escapaban volando y solo le dejaban una plumas que le hacían cosquillas en la nariz.

«¡Achís!», estornudó el **pequeño tigre**, expulsando una de las plumas.

«¡Salud!», dijo una voz detrás de él.

El pequeño tigre se dio la vuelta y vio a un **burro** huido de una granja.

«¿Me tomas el pelo?», rugió enfadado.

«¿Por qué lo dices?».

«Porque has dicho "salud"».

«Pensaba que estabas resfriado y que estornudabas…».

«¡Qué voy a estar resfriado!
Estornudaba porque…», el pequeño tigre le contó lo que ya sabemos.

Charla que te charla, ambos decidieron emprender juntos un viaje alrededor del mundo. Hay que saber que
el pequeño tigre era perezoso,
y un día dijo: «Amigo burro, ¿para qué esforzarnos? Si tú fueras más pequeño que yo, te subiría a mi lomo y te llevaría. Pero como eres más grande, podría subirme yo en el tuyo».
El burro, que era generoso, aceptó.
De un brinco el pequeño tigre se subió encima y siguieron su viaje. El pequeño tigre se bajaba solo para buscar comida.

«**Amigo** –dijo un día el vago del tigre–, ¿por qué esforzarnos ambos en buscar comida? Si yo te llevase a ti, recogería lo que te gusta y te lo daría: pero como eres tú quien me llevas a mí, ¿por qué no lo haces tú?».

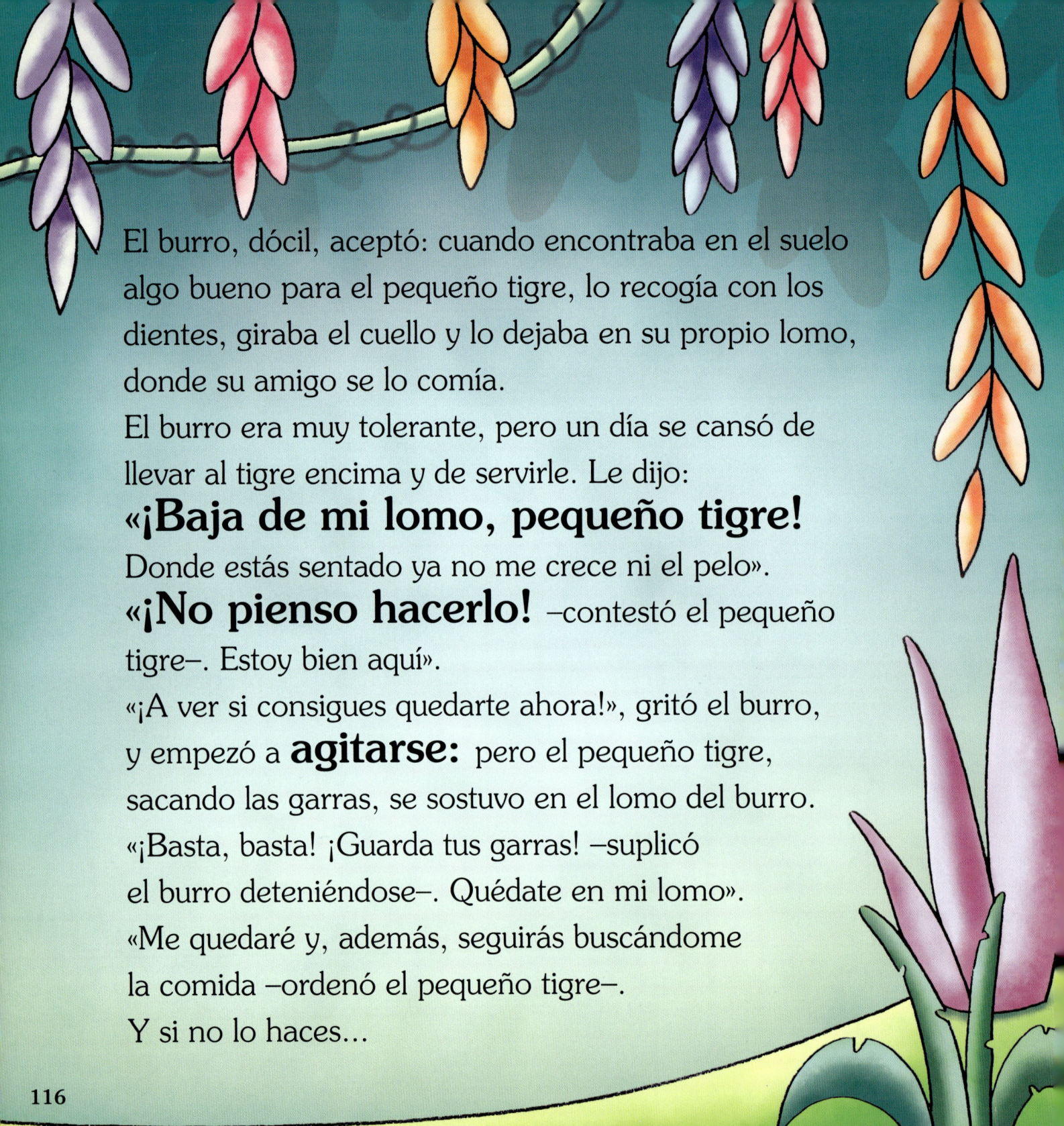

El burro, dócil, aceptó: cuando encontraba en el suelo algo bueno para el pequeño tigre, lo recogía con los dientes, giraba el cuello y lo dejaba en su propio lomo, donde su amigo se lo comía.

El burro era muy tolerante, pero un día se cansó de llevar al tigre encima y de servirle. Le dijo:

«**¡Baja de mi lomo, pequeño tigre!** Donde estás sentado ya no me crece ni el pelo».

«**¡No pienso hacerlo!** –contestó el pequeño tigre–. Estoy bien aquí».

«¡A ver si consigues quedarte ahora!», gritó el burro, y empezó a **agitarse:** pero el pequeño tigre, sacando las garras, se sostuvo en el lomo del burro.

«¡Basta, basta! ¡Guarda tus garras! –suplicó el burro deteniéndose–. Quédate en mi lomo».

«Me quedaré y, además, seguirás buscándome la comida –ordenó el pequeño tigre–. Y si no lo haces…

... ¡volveré a sacar mis garras!».

Cuando descansaba, el pequeño tigre se enganchaba con las garras al lomo del pobre burro. Un día, cuando el pequeño tigre estaba dormido, el burro se encontró con una **jirafa.** Hablaron y el burro le contó su historia.

«Ya no sé cómo librarme de él…», dijo finalmente.

«Si quieres puedo ayudarte», le propuso la jirafa.

«¿Cómo?».

Susurrando, la jirafa le explicó el plan, y el burro aceptó: «¡Intentémoslo!».

Al día siguiente, el burro le dijo al pequeño tigre: «¡Me he cansado de ti: o te marchas o esta noche me voy a convertir en un burro gigante!».

«¡Ja, ja, ja, un burro gigante!», se rió el pequeño tigre, y no dijo nada más.

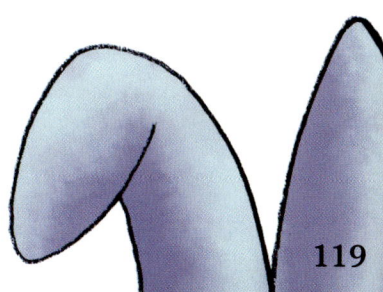

Cuando el sol se puso, el burro entró en una gran cueva, tan **oscura** que no entraba ni un pequeño rayo de luz. Cuando el pequeño tigre se quedó dormido, llegó en silencio la jirafa y lo agarró con los dientes por el hocico, le bajó del lomo del burro y se lo cargó en el suyo. El pequeño tigre, despertándose de repente, refunfuñó: «**¿Qué pasa aquí?**».

«¡Pasa que me he convertido en un **burro gigante!**», contestó el burro, que estaba cerca.

«¡Buah! –resopló el pequeño tigre–. ¿Crees que me puedes engañar solo porque está oscuro, tonto?».

«¿Cómo dices? –exclamó el burro con una voz que **retumbaba** en la cueva–. Habla más cerca de mis oídos porque no te oigo». El pequeño tigre se asomó para acercarse a las orejas del burro pero no las encontró. En cambio, encontró un gran cuello.

Con las patas temblorosas, trepó. Aun así no llegaba a alcanzar las orejas. «Pero... ¡realmente eres un burro gigante!», exclamó asustado. «¡Y dentro de nada te vas a enterar de cómo muerden mis dientes gigantes!», le amenazó el burro.

El pequeño tigre no se lo pensó: **brincó** y, después de un gran salto, cayó al suelo. Luego, aterrado, salió de la cueva y **escapó lo más lejos que pudo** de ese burro gigante.

En la oscuridad, el burro y la jirafa se rieron felices.

Una abeja iba volando tranquila de flor en flor, libando polen aquí y allá.

Pero no estaba del todo tranquila porque, como todas sus compañeras, tenía que llevar cierta cantidad de polen a la colmena antes de la puesta del sol y, si no lo conseguía, le caería la **regañina** de la abeja portera, como a veces le pasaba: «¿Por qué tan poco polen hoy, abeja **Mila?** –le diría–. **¡Aquí no queremos abejas que no trabajan!** ¡La próxima vez se lo digo a la reina!».

Escuchad lo que pasó.
Nuestra amiga la abeja vio **una bonita flor,** se posó en el centro y empezó a libar. De repente, los pétalos rojos de aquella flor se le cerraron encima formando una barrera, mientras una voz antipática le decía:

«¡Te pillé!».

Mila, asustada, pensaba que había caído en una planta carnívora, pero, al mirarla bien, se dio cuenta de que la flor no era de ese tipo.

«¿Por qué me has capturado, flor?», preguntó entonces.

«¡Porque estoy harta de vosotras, abejas!», dijo la flor sacudiéndose.

«Llegáis aquí, os lleváis mi polen y os marcháis volando tan panchas». «¡Pero ese es nuestro trabajo! –exclamó Mila sorprendida–. Nosotras las abejas hacemos esto desde hace siglos. Y sabes que, **mezclando el polen de flor en flor,** los insectos colaboramos en vuestra reproducción...».

«¡Basta de charlas! –protestó la flor, cerrando aún más sus pétalos–. ¿A mí qué me importa eso? Y aunque fueran cierto, ¡hay algo que **no aguanto!**».

«¿De qué se trata?», preguntó Mila muy preocupada. Nunca había oído eso de una flor.

«¿Quieres saber la verdad, abeja? ¡No aguanto que tú vueles y yo NO!» –contestó la flor–. ¡Tú vas libre por el cielo, en cambio yo tengo que quedarme aquí, pegada al suelo!».
Mila, que deseaba **liberarse lo antes posible de la flor,** decidió probar un truco y preguntó: «¿No sabes que nosotras las abejas también éramos flores?». «¿En serio?», preguntó la flor interesada.
«¡Cierto! –contestó ella–. Pero un día, cansadas de quedarnos quietas, empezamos a mover los pétalos, cada vez más fuerte, hasta que conseguimos despegarnos del tallo y volar».
«Quieres decir que, si me pongo a mover los pétalos muy rápido, ¿podría volar?», preguntó la flor sorprendida. «Pues enseguida no creo… –dijo Mila–. Pero si empiezas ya, pronto vas a notar que te **levantas** un poquito…».

«¿Ah, sí?», preguntó la flor, y empezó a mover sus pétalos, agitándolos un poco, pero sin separarlos el uno del otro. **«¡Así, bien, sigue!** –dijo Mila, agitando sus alas como para enseñarle–. ¿No te notas más ligera? ¿No sientes que te vas levantando?». En realidad la flor no se estaba levantando, pero,

hay cosas que, si las deseas, puedes llegar a creerlas.

«**¡Venga, aletea más!**», gritaba Mila. «¡Tienes que agitar los pétalos mucho más rápido para romper el tallo!». La flor se esforzó más: movía los pétalos con energía, y la abeja empezaba a ver un trocito de cielo encima de su cabeza. «¡Venga, venga! –la animaba Mila–. ¡Muévelos más, más! ¡Todos los pétalos, bien fuerte! ¿Lo notas? **¿Notas que te vas levantando?**».

Realmente era Mila la que, agarrada con sus patitas a los pistilos de la flor y agitando fuerte sus alas, **estiraba** la flor un poco hacia arriba: pero esta creía que eran sus pétalos que se levantaban, y los **agitaba** cada vez más rápido. Y, por fin, agitándose aún más, los pétalos se **separaron** y se abrió un hueco encima de Mila lo bastante grande **para conseguir escapar.**
Rápidamente, Mila se coló por el hueco entre los pétalos, y se detuvo zumbando por encima de la flor.
«¡Lo siento, flor! –exclamó riéndose–. Realmente no creo que consigas despegar del suelo. ¡Y no se te ocurra capturar a otra abeja: ya avisaré a mis compañeras para que se alejen de ti!».

Y así fue. Desde aquel día ninguna abeja se posó en aquella flor para buscar polen. Así durante largo tiempo. Después, la flor empezó a sentirse sola y las llamó, pidiéndoles por favor que volvieran, y **las abejas volvieron a posarse** en ella para recolectar el polen.

La flor, feliz, abría sus pétalos y desprendía en el aire *su mejor aroma.*

un pescador,

un pescador que iba todos los días a la orilla del río a pescar. Muy tranquilo y muy quieto, enganchaba un poco de pan en el **anzuelo**, o un **cebo**, y *lo lanzaba al agua*, y luego se quedaba esperando. Algunas veces pescaba un pez, otras dos y otras no pescaba ninguno: pero a Conrado no le importaba, porque a él lo que más le gustaba era quedarse en la orilla del río escuchando el murmullo del agua y el crujido de las hojas de los árboles, en paz, disfrutando de la espera.

Un día surgió un imprevisto. Hacía poco que había lanzado el cebo, cuando notó que algo había picado. Tenía que ser un **pez** grande, pero que muy **grande,** porque se **agitaba** y tiraba como ninguno. Conrado, sorprendido y con cierta curiosidad, sujetaba la caña firmemente y hacía girar el carrete para que no se le escapara.

Después de **tirar** y *girar* el carrete, por fin salió algo del agua: pero no era un pez. Era una **sirena** de río, con la **piel verde,** parecida a las de mar, aunque un poco más pequeña. No llevaba el anzuelo en la boca porque a las sirenas no les gustan los cebos: el anzuelo le había pinchado la cola.

«¡**Suéltame enseguida, cazador de peces!**», chillaba la sirena agitándose y salpicando agua. «¡Quítate el anzuelo!», contestó Conrado preocupado. «¡Ya lo hice, cazapeces!».

«¡Pero no lo consigo, y encima me he hecho daño en la mano!».
«Si te acercas lo puedo hacer yo...», dijo el pescador asustado por sus gritos.
«¿Estás loco? ¿No sabes que si las manos de un hombre tocan a una sirena, esta cae enferma?».
«Te lo sacaré sin rozarte... –le aseguró él–. Ya verás, lo conseguiré...». Muy prudente, la sirena se acercó. Conrado, con mucho cuidado para no tocarla, le sacó el anzuelo de la cola.
«Si esperas que te dé las gracias, monstruo humano, estás muy equivocado –exclamó ella–. ¡Todo lo contrario, ahí va mi maldición! **¡Nunca más un pez volverá a picar en tu anzuelo!**». Y desapareció en el agua, levantando un **salpicón grandísimo.** Conrado se quedó en silencio, aturdido y triste por lo ocurrido y por las palabras de la sirena.
«¿Realmente ningún pez volverá a picar en mi anzuelo? –pensaba–. Es terrible... Pero a lo mejor la sirena bromeaba... A lo mejor no tiene poder para cumplir esa amenaza...».

Así que enganchó un cebo y lo lanzó: esperó, pero no picaba ningún pez. «Bueno, ya me ha ocurrido otras veces eso de no pescar nada...», reflexionó.
Entonces cambió el cebo, y lo volvió **a lanzar**
Pero no sucedió nada.
«Bueno, a veces no pican en un día entero...», pensó, y volvió a su casa.

Al día siguiente volvió con sus mejores cebos y se puso en el tramo de **río** más abundante de pesca, pero **no pescó ni un pez de los más pequeños.** Conrado comprendió entonces que la maldición de la sirena funcionaba. Y rompió a llorar.

«**¿Qué hago ahora?** –se decía–. No me interesa pescar muchos peces porque lo que me gusta es estar aquí, en paz, esperando: pero uno por lo menos, de vez en cuando, tengo que pescar, de lo contrario, ¿qué clase de pescador soy? Si ya sé que no pescaré ningún pez, no tiene sentido la espera».

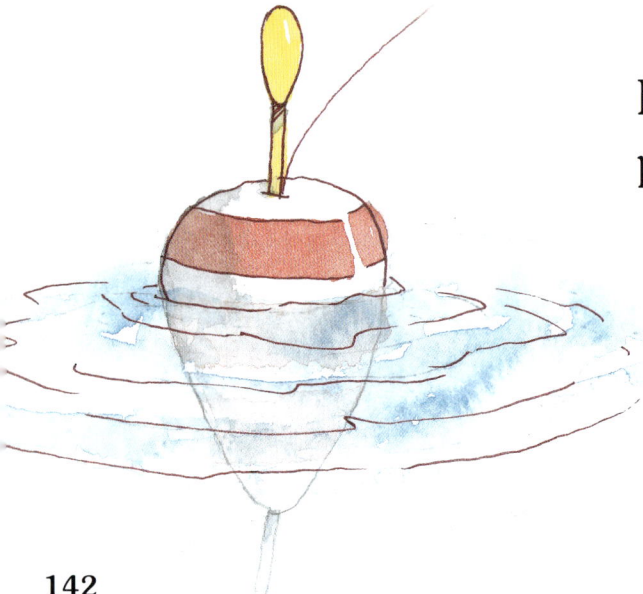

Cada día volvía al río y lloraba. Una mañana algo se movió en el agua, y una **sirena asomó la cabeza.** No era la misma a la que pescó Conrado. «¿Por qué lloras? –le preguntó ella–. Paso por aquí cada día y siempre te veo triste...».

«Lloro porque ya no puedo pescar», contestó él, y le contó la historia. Cuando terminó, ella se quedó en silencio unos minutos, y luego dijo:

«Quiero ayudarte, Conrado, pero la sirena que pinchaste con tu anzuelo es más poderosa que yo, y no puedo romper su maldición. Pero algo sí que puedo hacer...».

«¿Qué es?».

«Puedo hacer **que pesques las *sombras* de los peces**».

«¿Las sombras de los peces? ¿Y eso cómo se hace?».

«**Con las *sombras* de los cebos** –contestó ella–. Pero no se pueden comer porque no tienen ni sabor ni alimento». «No me importa comerlas –dijo él–. A mí lo que me gusta es pescar en sí».

Y así fue. Desde aquel día, Conrado volvió a pescar. Ponía el cebo y lo dejaba colgando cerca de la superficie, de modo que su sombra se reflejara en el río: y, después de esperar un poco, **la sombra de un pez picaba la sombra del cebo.**

Él la sacaba del agua, la miraba agitándose un ratito, y luego con la sombra de sus dedos la dejaba libre y la **volvía a echar** al río, donde la sombra nadaba rápido en busca del pez del que se había despegado.

Era una pesca rara, pero era pesca, y Conrado podía quedarse en la orilla del río como antes, disfrutando del aire fresco, del chapoteo del agua, de la paz y de la espera.

El Sol y la Luna

Hace mil millones de años, allí donde ahora está el Sol, había una enorme pelota mitad roja y caliente y mitad blanca y fría.

De la parte blanca emanaba una luz pálida muy especial, no como la Luna que conocemos, que es iluminada por el **Sol.**
Los planetas, que eran muchos como ahora, daban vueltas alrededor de aquel astro, y tenían **días cálidos y noches frescas,** iluminadas por esa suave luz blanca.
También había otra diferencia con respecto a ahora: los planetas giraban todos cerca del astro, no en distancias diferentes.

Júpiter

Un día algo ocurrió. **Júpiter**, el más grande de los planetas, dijo a sus compañeros: **«Amigos, me ha pasado algo raro».**

«¿Qué te ha pasado, Júpiter?», preguntó **Venus**.

«¡Venga, cuéntalo!», dijo **Mercurio**, que era pequeño y le gustaban los cuentos.

«La otra noche, mientras daba mi *medio giro* alrededor de la zona oscura, me entraron ganas de dormir un poco más…», contó Júpiter.

«¿Y qué hiciste?», preguntó **Neptuno**.

«¿Qué hice? Muy sencillo», contestó Júpiter. «Ralenticé la carrera y me quedé más rato en la **zona oscura**, con esa luz blanca relajante».

«¿En serio hiciste eso?», se extrañó **Plutón**, al que le encantaba la idea de dormir más. «Eso hice —asintió Júpiter—. Y volveré a hacerlo».

Marte

«¡Pero eso no se puede hacer!»,

exclamó uno de los planetas más pequeños. «¿Por qué no, **Tierra**?», preguntó **Urano.** «¡Porque tenemos que girar a la misma velocidad alrededor de nuestro astro!», contestó el pequeño planeta. «¿Quién ha dicho eso?», intervino **Saturno.** «Pues nadie. Pero parece que las cosas tienen que ser así», intervino la Tierra.

«¡Estoy de acuerdo con la Tierra!», dijo

Marte, y Venus y Mercurio también: pero los planetas rebeldes no cambiaron de parecer.
Durante un tiempo no volvieron a comentar el asunto, pero empezaron a separarse en dos grupos: los que querían dormir más e iban más despacio cuando pasaban por la zona oscura, y los que seguían girando con regularidad alrededor del astro.

Tierra

Plutón

La parte luminosa del astro, que solía pensar en sus cosas, contenta solo con **quemar** e **iluminar,** al principio no se enteró de nada, pero luego notó que unos planetas pasaban más a menudo y otros con menor frecuencia.

«Oye, Júpiter, Saturno, Urano, Neptuno y Plutón, **¿por qué ya no os veo pasar por aquí delante?**», preguntó un día la parte con fuego.

Neptuno

Urano

Los cinco planetas rebeldes pararon. Júpiter, que era el más grande, exclamó con cierta arrogancia: **«¡Porque nos gusta más estar en la zona fresca, en la sombra,** por el otro lado!».

«¿En serio?», se sorprendió la parte caliente del astro. **«¡Así es, cara de brasa!»,** contestó Saturno con tono irreverente.

Hay que tener en cuenta que ese astro, como tenía fuego por la mitad, enseguida se acaloraba. Y de hecho se enfadó terriblemente y dijo: **«¡Planetas ingratos y rebeldes!** ¿No estáis contentos con lo que tenéis? ¡Desde ahora tendréis siempre fuego!».

En un abrir y cerrar de ojos las llamas se extendieron al lado opuesto del astro, que se convirtió así en una inmensa **esfera ardiendo** que **deslumbraba** todo.

Aturdidos y cegados por la luz, los planetas rebeldes **se escaparon lo más lejos posible.** Pararon solo cuando ese nuevo astro quedó lo bastante lejos como para parecer algo más grande que cualquier otra estrella.

En cambio los demás planetas (la Tierra, Mercurio, Marte y Venus) permanecieron cerca del Sol. Como no podían estar sin noche, decidieron empezar a **girar sobre sí mismos** para que, por lo menos, la mitad de cada planeta pudiera refrescarse y descansar.

Así siguen haciendo hoy, cuando todo lo que existe tiene un nombre y llamamos «Sol» a la gran esfera de fuego.

¿Y qué pasa con nuestra Luna?

La Luna fue un regalo del Sol, que se conmovió cuando supo de la resistencia de la Tierra a los rebeldes. El gran astro cogió del espacio un gran asteroide redondo y lo mandó a dar vueltas alrededor de nosotros para que la Tierra siguiera teniendo su disco blanco haciéndole compañía por la noche, como antes.

Había una vez, cuando las cosas eran antiguas, un animalito con forma redondeada y de color gris. No era del todo redondo, sino solo por la mitad, porque debajo tenía unas patitas muy finas y delante una cabeza.

«¡Vaya color más aburrido tienes! –**comentaba Rosa** la mariposa–. ¡Eres gris como una piedra!».

También Ana la rana le tomaba el pelo:

«¡Eres gris como la niebla!».

«¡Eres triste! ¡Eres triste! ¡Eres triste!», decían en coro las **hormigas** caminando encima de una rama. De tanto escuchar estos comentarios, la mariquita, que se llamaba **Rita**, decidió cambiar de color.

Fue a visitar a un duende amigo de los bichos y le dijo: «¡Cromito, mi color es triste y aburrido, como las piedras y la niebla! ¿Puedo tener otro?».

«Vamos a ver, vamos a ver...

–pensó Cromito–.

¿De qué color te gustaría ser?». «**Verde**», exclamó Rita, quisiera ser toda verde.

«¿Como Ana la rana?».

«No, un poco más oscura».

«¿Cómo Vibi la víbora?».

«No, un poco más clara».

«Déjame pensar», dijo Cromito, que cerró los ojos, imaginó el color exacto y chasqueó los dedos tres veces. Y de pronto Rita se puso toda verde, de un verde muy bonito, ni claro ni oscuro.

La mariquita se fue a dar una vuelta, para enseñarles a todos su nuevo color.

Pero había algo raro. Nadie la veía porque era del mismo verde que la hierba y las hojas. «¡Estoy aquí!», decía Rita a **Ava**, la abeja, y a **Zac** el zángano.
«¿Quién? ¿Dónde?», preguntaban ellos.
«Aquí mismo, ¿no me veis?».

«No, no

«**Rosa**, ¡mira, soy verde!», decía Rita.
«¡Veo el verde, veo **mucho verde, pero no te veo a ti!**»,
contestaba la mariposa.
«Estoy aquí, ¿me veis?»,
gritaba a las hormigas que
caminaban encima de una rama.
«¿Dónde? ¿Dónde? ¿Dónde?»,
preguntaban ellas.

«te vemos».

Rita, desanimada, volvió a buscar a **Cromito**.
«Querido **Cromito**, el verde no vale. No me
ve nadie. ¿No hay un color que se vea mejor?
¿Un color que destaque mucho?».

«Claro que lo hay, Rita».
«¿Qué color es?».
«¡El rojo, **Rita!**».
«¡Entonces **vuélveme roja, toda roja!**».

«De acuerdo», dijo él, y chasqueó los dedos tres veces. Y ella se puso toda roja.

Ahora todos la veían, y la saludaban diciendo: «¡Vaya color más bonito!».

«**¡Allí está Rita! ¡Allí está Rita!**»,

gritaban las hormigas, pasando en fila india encima de la rama.

Pero el caso era que no la veían solo los insectos amigos, sino también los pájaros que, sin decir nada, se lanzaban desde arriba para comérsela.

La vio **Mirto** el mirlo, y se tiró con el pico abierto.

La vio **Ramón** el gorrión, y se tiró con el pico aún más abierto.

«¡Huye! ¡Huye! ¡Huye!», gritaron las hormigas.

«**¡Huye, Rita!**», zumbó la abeja.

«¡Cuidado, Rita!», chilló el **grillo.**

Rita se escapaba. Sus patitas no dejaban de moverse, muy rápidas, para huir de esos picos hambrientos.

Finalmente, desanimada y cansada, volvió a ver al duende. «¿Qué quieres, Rita?», le preguntó él.

«Amigo duende, quiero ser negra.
¡Completamente negra!
¡Así los pájaros ya no me verán!».

«¿Negra como esta piedra?».

«¡Más negra!».

«¿Negra como las hormigas?».

«¡Aún más!».

Cromito chasqueó los dedos y ya está, toda negra. Ahora los pájaros la confundían con una piedra y ya no se tiraban con el pico abierto para comérsela.

Pero sus amigos los insectos comentaban:

«Vaya color más triste, Rita».
«Es el color de la oscuridad, Rita».
«Es el color de la noche».

La mariquita ya no sabía qué hacer. «Tal vez sea mejor que vuelva a ser gris, amigo duende...»,
le dijo a Cromito.

El duende chasqueó los dedos dos veces,
pero paró antes de la tercera.

¡**Tengo una idea!**», exclamó.

«¿Qué idea?».

«Podrías ser roja, pero no del todo. Un poco roja y un poco negra: así tus amigos te verán, pero los pájaros no… ¿Qué te parece?».

«Podemos intentarlo», contestó ella suspirando.

Cromito chasqueó los dedos, y allí estaba Rita, de nuevo **roja,** pero con **puntitos negros.**

Los pájaros desde lejos no la veían porque se confundía con las flores, pero sus amigos desde cerca sí.

«Hola, Rita», la saludó Ana.

«¡Vaya colores más bonitos tienes!», comentó Vibi.

«Este sí que te queda bien», dijo Zac.

«**¡Guapa! ¡Guapa! ¡Guapa!**», dijeron las hormigas caminando encima de la rama.

También Rosa, la mariposa, exclamó: «¡Me gusta tu color, Rita!».

Tito, Tato y Toto

Había una vez 3 niños, Tito, Tato y Toto, que querían jugar a los soldados.

En la cabeza se pusieron unas ollas yelmos, luego empuñaron unas escobas, como si fueran escopetas, y se colocaron D E S P L E G A D O S , esperando órdenes, porque los soldados necesitan a alguien que los mande.
Pero no ocurría nada.

«Uno de nosotros tres tiene que ser el **comandante** –dijo Tito–. ¿Quién de vosotros quiere serlo?».

«Yo quiero jugar a ser soldado, no comandante», contestó Tato.

«Yo también», añadió Toto.

Como ninguno de ellos quería ser el comandante, decidieron preguntar a alguien más.

Vieron pasar a Conchi,

una niña **rubia.**

«Conchi, ¿quieres ser nuestro comandante?»,
le preguntaron.

«¿Y cómo se hace el comandante?», dijo ella.

«Tienes que darnos órdenes».

«¿Por ejemplo?».

«Nos tienes que decir: "¡Firmes!". "¡Descanso!". "¡Al suelo!". "¡Apunten!". "¡Al ataque!". "¡De pie!", y cosas así».

«Pero por qué os tengo que decir "firmes"? ¿Acaso estáis blandos? ¿Y por qué os tengo que decir "descanso"? ¿Estáis cansados?»,
preguntó Conchi.

«¡Que no, que no, Conchi! Nos tienes que decir eso porque eres nuestro comandante, ¿vale?».

«De acuerdo», asintió Conchi, y empezó:

«**¡Firmes!**», y los tres se pusieron enseguida de pie muy erguidos.

«**¡Descanso!**», y los tres pasaron a posición de descanso.

«**¡Al suelo!**», y los tres se tumbaron.

«¡De pie!»,
y los tres se levantaron.

«¡Apunten!»,
y los tres prepararon sus escobas-escopetas.

«Al ataqueee!»,

y los tres se echaron a correr gritando, pero enseguida se pararon, se miraron perplejos, volvieron atrás y preguntaron a Conchi: «¿Qué vamos a atacar, comandante?». «No lo sé», contestó ella.

«¿Cómo que no lo sabes? ¡Eres el comandante! –exclamaron–. ¡Un comandante sabe a quién se debe atacar!».

«Bien –dijo Conchi–. ¡Volvamos a empezar!:
¡Firmes!».

Y se pusieron muy erguidos.

«**¡Descanso!**».

Pasaron a posición de descanso.

«**¡Al suelo!**».

Los tres se tumbaron.

«**¡De pie!**».

Se levantaron.

Prepararon las escobas-escopetas.

«**¡Al ataque… de las nubes!**»,

grito Conchi.

Y entonces Tato, Toto y Tito, gritando, **se lanzaron hacia delante** y se pusieron a saltar hacia las nubes para cogerlas y disparar contra ellas. En ese extraño asalto **se caían,** volvían a caerse, se magullaban las rodillas, los codos y la cabeza, mientras las nubes, allí arriba, iban tranquilamente por el cielo sin preocuparse por sus ataques.

Y Conchi, observando a sus tres soldados,
se reía divertida, sacudiendo la cabeza.

Los bigotes de Mustá

En París vivía un gato soriano que se llamaba Mustá, y que tenía, a un lado y otro del hocico, un par de bigotes largos y tupidos, como dos arbustos.

Muchos admiraban sus bigotes, pero el que los apreciaba más que nadie era él mismo. Mustá iba por los tejados presumido y orgulloso, enseñando sus bigotes.

«¡Mis bigotes son los más bonitos de París,

los más bonitos de Francia, qué digo, del mundo entero!», iba diciendo, girándose hacia un lado y hacia otro para que le admiraran. «¡No hay gato en Egipto, la India, América o China que tenga unos bigotes como estos!».

«¡Apartaos! ¡Fuera!».

Además de presumir, Mustá también temía que sus bigotes se pudieran estropear, así que decía: «¡Alejaos de mí, o vais a probar mis uñas y mis dientes!».

Los gatos de París se mantenían a cierta distancia, pues él, además de presumido, también era fuerte. Ocurrió un día que, mientras Mustá llevaba de paseo a sus bigotes, vio a un **gato rojizo** y medio pelado durmiendo tumbado en su camino. «¡Oye, tú! –dijo Mustá–. ¿No ves que estás en mi camino? ¡Apártate enseguida!».

El gato le miró sin decir nada ni moverse.

«¡Quítate enseguida del camino del par de bigotes más hermoso del mundo!», gritó Mustá. El gato bostezó, se levantó un poco, y comentó: «Es cierto pues lo que dicen».

«¿Qué dicen?», preguntó contrariado Mustá.

«Que cuanto más largos son los bigotes, más tonto es el que los lleva».

El pelo de Mustá se erizó, a la vez que, de las almohadillas de sus patas, surgieron las uñas. **«¡Me vas a tener que pedir perdón, pequeño monstruo!»**, resopló, y se lanzó hacia él.

Rápido como una sombra, el gato rojizo se escapó saltando a un canalón. Detrás de él, ágil y decidido (¡a fin de cuentas, también era un gato!), Mustá empezó a perseguirle.

El gato delgado brincó a la terraza de abajo, y Mustá fue detrás. El gato medio pelado **saltó** encima del tejado de una casa baja, y Mustá le siguió.

El gato rojizo terminó en un estrecho patio entre dos casas, y Mustá aterrizó detrás de él. El patio acababa en una pared altísima. El gato delgado se paró.

«¡Estás atrapado, descarado!», gritó Mustá listo para atacar.

Pero el gato medio pelado se metió en una apertura en la base de la pared. Mustá se paró, dudando. Era lo bastante ancha para que cupiera, pero allí dentro seguramente se habría ensuciado, o incluso estropeado, los bigotes.

Se lo estaba pensando cuando de la apertura asomó el morro del gato rojizo. «También dicen que **los gatos con los bigotes largos son unos miedicas**...».

El pelo de Mustá se volvió a erizar y un feroz **miau** salió de su garganta.
Luego se lanzó a la apertura.
Pero, nada más entrar, ocurrió algo muy raro: todo le empezó a dar vueltas, como en una peonza, o un tiovivo…
Mustá se caía, se levantaba, tropezaba y volvía a caerse.
Intentaba avanzar, pero perdía el rumbo: todo le **daba vueltas, todo le daba vértigo.**
Finalmente se encontró en el suelo, con las patas desparramadas, agotado.

No había mucha luz, pero Mustá era un gato y, a pocos pasos de él, vio al gato fugitivo, tranquilamente sentado en sus patas traseras:

pero ya no estaba medio pelado, ni delgado, y su pelo era de un rojizo brillante.

«Tienes que saber, Mustá, que nosotros no tenemos los bigotes de adorno –dijo–. Los bigotes nos hacen falta para orientarnos, para tocar paredes y objetos en la oscuridad… Es por eso que cuando has entrado en este espacio estrecho **tus bigotes,** demasiado largos, **se han vuelto locos**».

Mustá escuchó, meditó y por fin comprendió. No quería volver a tener, en toda su vida, un mareo como el de antes. «¿Y qué… qué puedo hacer?», susurró.

«Puedes quedarte tus largos bigotes y estar siempre encima de los tejados –contestó el otro gato–. O me puedes permitir que te los corte un poco para entrar en espacios estrechos como hacen los gatos. Pero, sobre todo, **tienes que dejar de presumir de tus bigotes** porque has visto que también te pueden estorbar».

Ya le daba menos vueltas la cabeza. Los tejados eran bonitos, pero también colarse en las brechas, en las aperturas, debajo de los muebles, en los solares estrechos… era divertido. Preguntó: «¿Tú eres un gato mago, verdad?».

«Sí –contestó el otro–, pero también puedo ser un **gato barbero…**».

«Entonces córtame los bigotes –pidió Mustá–. **Pero no demasiado cortos, por favor**».

Desde aquel día hubo en París un gato menos que llevaba de paseo sus bigotes por los tejados y un gato más que **saltaba, corría** y exploraba, como todos los gatos del mundo.

La oruga Aeiou

Hace muchísimo tiempo había unas orugas que ya no existen: las orugas Letritas.

Se llamaban así porque en el cuerpo llevaban escritas verdaderas palabras.

Un día nació una oruga nueva con solo cinco letras. No era esa, sin embargo, su mayor pena, porque ya había orugas cortas como ella: pero aquellas orugas tenían palabras completas, como «llama», «ábaco», en cambio nuestra oruga solo tenía **«aeiou»**.

«¿Oye, qué clase de palabra es esa? –se burlaban las demás arrastrándose delante de ella–. ¿Qué quiere decir "aeiou"?».

«¡Qué **cortita** eres!», le decía la **larguísima** oruga «contrarrevolucionariamente».

«¡Vaya letras más tontas llevas!», añadió la oruga que llevaba escrito «criticona».

Al principio la pobre oruga intentaba no hacerles caso y se quedaba escondida mucho rato, pero un día ya no aguantó más las burlas y decidió irse por el mundo.

Venga a caminar, llegó a un país donde vivía gente trabajadora y amable que hablaba de una forma rara. Decían: **«¡Bienvenid', querid' orug'!** ¡Qué honor tenerte entre nosotros!». La oruga se quedó perpleja, pero de tanto escuchar se dio cuenta: a esa gente le faltaba la **a.**

Se quedó un tiempo con ellos y antes de marchar tuvo una idea. Hay que saber que las orugas Letritas podían **des... hacerse** de un trozo de su cuerpo y seguir con vida.

«Dejaré aquí el trocito de la a –pensó la oruga–. Me quedaré un poco más corta, pero merece la pena...».

Así que se deshizo del último trozo y retomó su camino, y la gente le dijo:
«¡Feliz día a ti, amiga oruga! ¡Gracias por honrarnos con tu visita!».

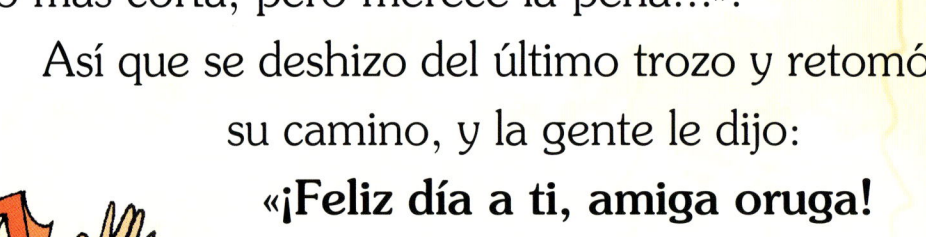

Venga a caminar, o mejor dicho venga a arrastrarse, la oruga llegó a otro país, donde la gente le dijo: **«¡Bi'nv'nida! Un poco hum'da 'sta mañana, ¿v'rdad?»**. A esa gente evidentemente le faltaba la e. «Si dejo aquí mi e, me quedaré demasiado corta», pensó la oruga antes de marchar. A pesar de las dudas, **decidió deshacerse del trocito de la e** y lo dejó allí. Enseguida los habitantes empezaron a exclamar, todos felices:

«¡Gracias, oruga! ¡Erizo, pera, beber, elefante, mofleteeeee!».

Venga a caminar, o mejor dicho, venga a arrastrarse, la oruga llegó a un país habitado por niños. ¡Adivina cómo hablaban!

Justo así: «¡**Estamos muy fel'ces de verte, orugu'ta! ¿Qu'eres jugar?**».

«Ya estamos –suspiró la oruga–, aquí falta la i… Sé que me quedaré cortísima, pero se la quiero regalar, son niños».

¡Adivina lo que hizo la oruga! **Dejó a los niños su trocito con la *i*,** y estos gritaron entusiasmados: «¡Iguana, indio, pitiminí, quiquiriquí!».

Ahora la oruga se había quedado muy **corta**: pero cuando llegó a un país de viejitos que hablaban así: «Querida amiga, **p'nte c'm'da, p'r fav'r**», decidió que esa buena gente no podía seguir así y **les dejó su trocito con la o**. Y cuando ya era muy muy cortita y acabó en un lugar donde le dijeron:

«Or'ga, q'edate 'n poco con nosotros»,

¿qué hizo? **Les dejó su trocito con la u** y aquella gente dijo: «¡Muchas gracias buena oruga! ¡Ahora podemos decir: **tutú, pulpo, unicornio, zulú...!**».

Ahora la oruga sí que se había quedado muy pero que muy corta, pero le quedaba la cabeza y pensó: «Ahora ya no tengo nada para dar, pero no puedo volver a mi casa así... Me buscaré un agujero pequeñito en una piedra y me quedaré allí para siempre».

Todavía no había terminado de hablar cuando, **¡zas!,** surgió un relámpago azul en el cielo y apareció una oruga grande y anciana, con barba y un sombrero de mago en la cabeza. «¿Quién... eres?», tartamudeó nuestra oruga.

«Llevo un tiempo observándote, amiga, y lo que hiciste me ha gustado muchísimo, por lo tanto...».

«¿Por lo tanto...?», preguntó la oruga. «Por lo tanto he decidido que mereces un premio: elige una palabra **larga**, o **larguísima**, y te haré tan larga como ella».

La oruga, muy contenta, se puso a pensar: no quería una palabra demasiado larga, solo una con todas las vocales. Después de un ratito exclamó:

«¡Ya la tengo!».

Se acercó al oído de Orugabrán y le susurró una palabra. Y, ¡ZAS! Surgió un **relámpago rojo**, y en su lugar apareció una oruga ni larguísima ni tampoco corta: la cabeza era la suya, y detrás tenía diez letras, cinco de las cuales eran justamente las vocales que había ido regalando a todos sus amigos.

Después de mucho pensar, finalmente la oruga encontró su palabra: ¡en ella había una **e**, una **i**, una **o**, una **a** y una **u**!
¿De qué palabra se trata?
Ay, el autor de este cuento ya no se acuerda… Búscala tú: verás como enseguida la encuentras.

Carlos y el erizo

El mago Carlos era un cazador de mariposas e iba a menudo al bosque para admirarlas.
Un día, después de buscarlas durante horas, se detuvo cerca de un manantial.
Bebió mucha agua, luego vio una piedra allí cerca y se sentó encima: y enseguida notó un pinchazo en el trasero.
Dando un salto, se dio la vuelta y vio un gran **erizo** que se había escondido detrás de la piedra.
Furioso, Carlos se puso a **chillar** mientras el erizo se alejaba torpemente para buscar un escondite entre los árboles.

Antes de marcharse, el mago pensó: «¿Por qué enfadarse? Mejor castigarle con un hechizo…».

Extendió los brazos y exclamó: **«¡Ogrulá!»**.
Con esa palabra, el erizo se detuvo de golpe y se dio la vuelta lentamente hacia el mago bajo el efecto del hechizo.

«Sígueme hasta mi casa, bicho puntiagudo, pero treinta pasos atrás –ordenó el mago acariciándose la parte dolorida–. Cuando lleguemos, te quedarás a mi servicio y mantendrás el jardín limpio de culebras». Luego se puso en marcha, sin prisa, porque estaba muy cansado.

Treinta pasos atrás iba el erizo. Caminando, Carlos se encontró cerca del territorio del mago **Nucolón,** su mayor rival.

Sabía que debía abandonar esa zona porque un mago en el territorio de otro mago pierde sus poderes, pero pensó: «Estoy demasiado cansado para dar la vuelta… Es casi de **noche,** y a esta hora Nucolón seguro que se está preparando su sopa. Pasaré silencioso y callado y así llegaré a casa un poco antes».

Desgraciadamente, sin embargo, el mago rival acababa de salir a buscar hinojo para su sopa: allí estaba, agachado en el **bosque,** cuando muy de cerca de él pasó Carlos.

Nucolón se rió en silencio, se levantó y exclamó: **«¡Detente!».**

Carlos se detuvo y se dio la vuelta, como había hecho el erizo unas horas antes, cuando él pronunció la palabra mágica.

«Ja, ja, compañero, veo que estás en mi territorio –dijo guiñando un ojo–. ¡Ahora puedo **hacer contigo lo que quiera!».** Carlos se quedó en silencio, aturdido y asustado.

«¡Justamente necesitaba un mago experto, pero sin poderes, para que fuese mi ayudante en el laboratorio! –aseguró Nucolón–. Vivirás en el gallinero, me ayudarás y, además, cortarás la leña, harás fuego, lavarás mi ropa, cocinarás…».

Y mientras Nucolón daba rienda suelta a la fantasía, Carlos vio que detrás de su enemigo avanzaba despacito el erizo, todavía bajo el efecto del hechizo.

«¡Deja ya de decir bobadas, Nucolón! –**gritó** Carlos–. Hace un tiempo, descubrí el Gran Secreto de Mago Ericius, y ahora ya no pierdo mis poderes, ni siquiera en territorio de otro mago».

«¿En serio? ¡Ja, ja, ja! ¡Pues demuéstralo!», dijo Nucolón riéndose incrédulo.

El erizo avanzaba, y tan solo le quedaban unos pasos para alcanzarle.

«Contaré hasta siete, luego verás lo que te va a pasar».

«¡Ja, ja, bufón! Cuenta, cuenta si quieres», contestó Nucolón.

«Uno, dos, tres, cuatro, cinco, seis —contó Carlos mientras el otro sacudía la cabeza—. ¡Siete!».

En ese momento el erizo chocó con Nucolón y tres de sus pinchos se clavaron en sus pantorrillas.

«**¡Aaaaaah!** –gritó el mago, aterrado y dolorido, y se tiró al suelo de rodillas, con la cara en tierra, implorando–: **¡Perdona,** potentísimo mago! ¡Solo era una broma, ya no volveré a molestarte!».

Carlos se marchó y pronto estuvo fuera del territorio de Nucolón. Entonces se detuvo en un claro del bosque, esperando.

En pocos instantes salió del bosque el erizo, que todavía le iba siguiendo. **«¡Aquí estás, buen amigo!** –exclamó el mago–. Ciertamente no te puedo acariciar como quisiera, pero otra cosa sí que puedo hacer». Extendió sus brazos y dijo:

«¡Alurgó!».

Enseguida el erizo se detuvo, miró a su alrededor y luego se escapó en un abrir y cerrar de ojos, escondiéndose en el bosque.

«Ya me ocuparé yo mismo de alejar las culebras de mi jardín», reflexionó alegremente el mago, y volvió a emprender su camino.

El mundo al alcance de las manos

Un antiguo cuento de un país lejano dice:

Cuando el Padre de todas las cosas creó al **hombre**, le dio **dos piernas** para caminar, pero ni manos ni brazos. El hombre caminaba y caminaba, pero no decía nada: tenía el uso de la palabra, pero su mente no pensaba en nada concreto.

El Padre de todas las cosas pensó que el hombre necesitaba algo para señalar, y le añadió un brazo con **un dedo** al final.

Así el hombre caminaba por ahí y **señalaba** las cosas: pero siempre de una en una. Sus ideas eran más bien aburridas: **«Eso. Eso. Eso»,** repetía.

El Padre de todas las cosas, que le escuchaba, pensó un buen día: «Debería darle la posibilidad de diferenciar…». Así, añadió al brazo del hombre un **segundo dedo**, y este iba por ahí, con los dedos estirados, diciendo: «Esto es **bonito,** aquello es **feo.** Esto está cerca, aquello está lejos. Esto está bueno, aquello está malo. Esto es **rojo,** aquello es **negro**».

Ocurrió que, al percibir las diferencias entre las cosas, el hombre aprendió a desarrollar razonamientos:

«Esto es bonito, aquello es feo.

Podría dejar el feo y quedarme con el bonito.

Esto está bueno, aquello está malo.

Podría dejar lo malo y quedarme con lo bueno…».

Así que intentó coger algo bonito, como una flor, o algo bueno, como una fruta, pero como tenía solo dos dedos estirados, **no podía coger nada: todo se le caía.**

El Padre de todas las cosas, que le estaba mirando, reflexionó: «Creo que necesita un tercer dedo».

Le dio al hombre un **tercer dedo,** colocándolo al lado de los otros dos: pero lo hizo sin pensarlo mucho, pues ese tercer dedo no servía para coger cosas. Sin embargo, el hombre aprendió a desarrollar unos pensamientos más complejos.

«He entendido tres cosas –pensaba–. Primero: tres dedos son mejor que dos porque ahora puedo **rascarme** mejor que antes. Segundo: el tercer dedo no sirve para coger cosas. Tercero: si tuviera otro dedo opuesto a estos tres, seguramente me sería más útil...». Entonces, por primera vez, el hombre levantó la cara al cielo y dijo: «Padre de todas las cosas, **¿podría tener un dedo delante de estos tres?**».

El Padre de todas las cosas le estaba escuchando e hizo brotar en él un **cuarto dedo,** opuesto a los demás. Y fue así como el hombre pudo agarrar las cosas fácilmente: flores, frutas, piedras. Su vida cambió mucho y a mejor, tanto que aprendió a hacer cosas que antes no podía hacer, como cantar, bailar y festejar.

«Me encantaría hacer el gesto de **burlarme**», pensó el hombre en un día de alegría, y el Padre de todas las cosas, que le estaba escuchando, le puso **un quinto dedo,** con el cual el hombre podía hacer perfectamente el gesto de burlarse.

Pero, además de eso, con su mano de cinco dedos, el hombre aprendió a hacer otras cosas, como a coger de la mano a otras personas, a apretar la mano de quien amaba o a acariciar.

Los enamorados iban **de la mano,** y se contaban los dedos el uno al otro, se abrazaban con un solo brazo y decían: «¡Qué bonito sería tener dos manos y dos brazos **para abrazarnos y acariciarnos mejor!**».

Así que un día el hombre le pidió al Padre de todas las cosas: «Padre de todas las cosas, **¿podría tener dos manos?**».

La respuesta del Padre de todas las cosas fue: «¡Hombre, **nunca estás contento!** Tenías un dedo y te di dos. Tenías tres y te di cuatro, y también uno para burlarte. Ahora quieres tener también dos brazos, y a lo mejor luego un tercer brazo y un cuarto y un quinto…».

«¡Solo queremos abrazarnos mejor,

Padre de todas las cosas!»,
contestó el hombre.
«Os podéis abrazar con un solo brazo».
«Pero si nace un niño, podríamos llevarlo
mejor...», añadió la mujer.
«Lo podéis llevar con un solo brazo».
Vamos, que el Padre de todas las cosas
estaba de malhumor y no quería ceder a
las peticiones. Un día, un hombre que
se llamaba **Cereber** subió a la cima de
una montaña y dijo: «Padre de todas las
cosas, has sido muy generoso. Nos diste
las piernas para andar, los ojos para
ver, la voz para hablar y hasta un
maravilloso brazo con una mano
para rascarnos, coger las cosas,
burlarnos, acariciar y todo eso.
Pero ahora...».

El Padre de todas las cosas se quedó esperando, pero Cereber no añadió nada más.

«Pero ahora, ¿qué?», preguntó el Padre de todas las cosas. «Pero ahora quisiéramos darte las gracias y darte un gran aplauso. ¿Pero cómo podemos aplaudir con tan solo una mano?».

El Padre de todas las cosas, al oír esto, sonrió porque le gustaba la astucia del hombre. Y fue así como a todos los hombres les apareció un **segundo brazo** con **una segunda mano,** y todo el mundo dio un gran aplauso al Padre de todas las cosas. Y desde allí arriba, también el Padre de todas las cosas aplaudió a los hombres.

Los dos osos

Era otoño y en el bosque los animales se estaban preparando para el invierno.

Los que iban a hibernar se pasaban el día comiendo y acumulaban grasa para aguantar durante el largo sueño. **Magú,** el oso más grande de la región, y el oso **Momo,** que vivían en el mismo territorio, estaban comiendo todo lo que encontraban: raíces, bayas, avellanas…

Pero uno de los dos tenía un problema.
¿Quién?
Momo. ¿Y cuál era su problema?

Su problema era Magú, que además de **grande** era también **dominante,** y quería para él todo lo que fuera bueno para comer.

Si Momo desenterraba una jugosa raíz, por ejemplo, enseguida llegaba Magú refunfuñando.
«¡Fuera de aquí, que tengo que comer!».
Así **Magú engordaba**, y Momo solo conseguía comer pocas cosas. Había llegado a considerar la idea de cambiarse de zona, pero no era nada fácil encontrar otra cueva, y además también en otros sitios había osos más grandes que él.

Llegó la primavera.

Los dos osos, despidiéndose con un medio gruñido, se fueron cada uno a su casa. «Bueno, por lo menos estaré calentito», se consoló Momo entrando en su pequeña cueva. Se colocó de forma que tapaba la entrada con su espalda, para mantener la temperatura en el interior. «Tal vez, en mis sueños, pueda darme un buen festín», suspiró.

Un poco más allá, en cambio, las cosas iban de otra manera. Cuando Magú, redondo como una pelota, trató de entrar en su cueva, no pudo pasar. Probó de nuevo entrando de cabeza, pero no cabía. Intentó entrando de cola, pero se atascó en la

«**Estoy demasiado gordo** –pensó desconsolado mientras la nieve le caía en el hocico–. Ahora no puedo ir a buscar una cueva más grande… Y, si no la encuentro a tiempo, llegará el frío y estaré perdido. Tengo que encontrar una solución…».
Finalmente, con gran esfuerzo se desatascó y, **hundiéndose** en la nieve fresca, llegó hasta la casa de Momo, y le tocó con la pata en la espalda.

puerta.

«¿Qué pasa? ¿Quién es? –preguntó Momo, ya medio dormido. Se dio la vuelta y miró hacia fuera–. **¿Qué te pasa, Magú?**», preguntó. No consigo entrar en mi casa», contestó Magú. «¿No querrás la mía? –preguntó Momo preocupado–. No cabría ni la mitad de tu cuerpo».

«No, no quiero tu cueva, Momo –dijo Magú–, solo te pido que me ayudes a entrar en la mía. Estoy demasiado gordo y solo no puedo».

«Si hubieras dejado que comiera algo yo también, estarías menos gordo», observó Momo.

«Tienes razón, y te pido perdón –dijo Magú–. **¿Me ayudarás?**».

Refunfuñando, Momo salió de su cueva y, poco después, **estaba empujando el trasero de Magú,** junto con el conejito Patití, para que entrara: pero Magú pesaba demasiado.

Terminaron todos sentados, con la nieve cayendo sobre ellos. «¿Y ahora qué?», preguntó Magú desconsolado.

«Hay una forma», observó Momo.

«¿Cuál?».

«Si haces algo que te cueste mucho esfuerzo durante bastante tiempo, quemarás algo de grasa y podrás entrar en tu casa».

«¡Cierto, no lo había pensado!», dijo Magú.

«Podrías correr por el bosque, o subirte a los árboles», sugirió Momo.

«O podría hacer otra cosa», dijo Magú que, sin añadir nada más, se levantó. Dio unos pasos y se puso a cavar en el terreno todavía blando. Arrancó una raíz gruesa y la llevó cerca de la cueva de Momo. Luego volvió cerca de los árboles y arrancó otra.
Después de media jornada de trabajo, había arrancado un buen montón de raíces jugosas y Momo se las comía con gusto, matando el hambre que tenía.
«Come algo tú también», propuso.
«Ni lo pienses», contestó Magú.

Finalmente volvieron a la cueva de Magú. «Voy a intentarlo, y tú ayúdame a **empujar,** por favor», dijo el oso gordo. Pero no hizo falta empujar: Magú pudo entrar en su casa. Momo también entró en la suya, aunque con más dificultad que antes.

«¡Feliz sueño, Momo!», gritó Magú.
«¡Feliz sueño a ti también!», contestó Momo.
La nieve caía en copos grandes y todo estaba en silencio, mientras los dos osos y el conejito, acurrucados calentitos, cerraron los ojos.

El camión Bomberín

iba por ahí olfateando el aire en busca de algún humo sospechoso o algún olor a incendio.

De repente vio de lejos a un hombre que, después de encenderse un cigarrillo, arrojó el **fósforo encendido** a un prado de hierba seca.

La hierba se prendió fuego enseguida y, en menos de un minuto, el prado estaba cubierto de llamas. Bomberín **llegó corriendo** y empezó a lanzar agua sobre el incendio. Riega que te riega, en media hora el **fuego estaba apagado** y Bomberín, cansado, fue al río para llenarse de agua.

Nada más llenar el depósito del agua, vio al horizonte una **nube de humo negro.**
Bomberín era un profesional y sabía que esa nube de humo era un incendio.
Puso la sirena y se metió de cabeza en la calle.
Corre que te corre, gira y tuerce, llegó a una casa que se estaba quemando.

Ambi, su amiga la ambulancia, ya iba haciendo sonar su **sirena a todo volumen.**

«¡Todos a salvo! –gritó Ambi antes de desaparecer por la calle–. ¡Buen trabajo!».

Bomberín apuntó con su manguera y, dando la vuelta lentamente alrededor de la casa, la **mojó** por todos los lados hasta reducir el fuego y finalmente apagarlo.

La casa no había quedado tan mal como temía.

El camión volvió al río para abastecerse de agua. Ya era tarde y el sol se estaba poniendo. Su olfato no notaba olores sospechosos y sus ojos no veían humo negro. Se echó una siesta. Y de repente notó

algo que se movía pegado a él.

¿Un perro? ¿Un gato?

«¿Quién eres?», preguntó Bomberín.

«**¡Mateo!** –contestó una voz–. Soy un niño».

«¿Por qué estás pegado a mí, Mateo?».

«Porque no tengo casa. ¿Cómo te llamas?».

«Me llamo Bomberín, y soy un camión, no una casa».

«**Yo ocupo poco** espacio».

«Pero yo soy un camión que apaga incendios. Es un trabajo peligroso, Mateo».

«Soy ágil. Podría ayudarte», dijo el niño.

«No creo que sea posible, Mateo», replicó Bomberín.

«Por esta noche puedes dormir aquí, pero mañana por la mañana tendrás que marcharte».
«Vale», asintió Mateo.
Poco después ambos dormían. Pero durante el sueño la nariz atenta de Bomberín olfateó **olor a humo**.

Se despertó y, olvidándose de Mateo, echó a correr hacia el incendio, que se vislumbraba de lejos en la noche. Una nave industrial se estaba quemando con violencia. Cuando llegó, Bomberín apuntó con la manguera y **disparó agua** abundantemente. Fue una larga y dura lucha: el fuego pareció apagarse, pero luego recobró vigor porque llegó el viento y las llamas **volaban** por **todas partes**, rápidas y amenazantes. Finalmente, sin embargo, el incendio fue domado.
«¡Por fin! –suspiró Bomberín–. Ya casi no me queda agua».

«¡Mira!», gritó entonces Mateo, que llevaba ya rato despierto y se había quedado callado hasta aquel momento. En una esquina de la nave industrial se veía un pequeño **remolino de chispas.** «¡Hay que apagarlas! –dijo Bomberín preocupado–. ¡Con este viento son peligrosísimas!».

Apuntó la manguera, pero solo salió un chorrito de agua que no llegó ni a rozar las chispas.

«¡Yo me encargo de apagarlas! –gritó Mateo. Se subió al camión diciendo–: ¡Acércate todo lo que puedas!».

Bomberín, con prudencia, se desplazó hacia delante.
El remolino de chispas era violento como un diablillo:
pero de repente, desde arriba, un largo chorro de pipí
le cayó encima, apagándolo por completo.
«¡Bravo, Mateo!», exclamó Bomberín.
«Gracias, ¡ha sido fácil!», contestó el niño. Volvieron al río.
El cielo, a Oriente, se iba aclarando.

«Ahora me tengo que marchar», dijo el niño.

«Oye, Mateo...», empezó Bomberín.

«¿Qué pasa?». «Si te apetece, puedes vivir conmigo todo el tiempo que necesites. Pero prométeme que, cuando vaya a apagar incendios, te quedarás aquí esperándome».

«Prometido. Pero tú me contarás lo que haces y me enseñarás a apagar fuegos: así, cuando sea mayor, podré ser bombero».

Bomberín se lo prometió.

Desde aquel día *fue el camión de bomberos más brillante de toda la ciudad,* porque había alguien que, mientras él explicaba y contaba, le acariciaba y limpiaba el **humo** y el **hollín** con trapos grandes y suaves.

La gata Pati

La gata Pati quería BAILAR y empezó a preguntar: «¿Qué está de moda?».

«El tango, por ejemplo –le contestaron–. Pero hay que ser dos: tienes que buscarte una pareja de baile».

Pati se puso a buscar, hasta encontrar a **Gatón,** un gato **negro** como el carbón, que sabía bailar el tango.

«¿Me enseñas a bailar el tango, Gatón?», preguntó Pati.

«No hay problema», contestó él, y empezaron a bailar.

Pero sí que hubo un problema porque Pati no había bailado nunca antes, y menos aún el tango. La gata no sabía dónde poner las patas y, en un momento del baile, pisó sin querer a Gatón, que chilló: y le dio un tortazo tan fuerte a Pati que

«¡Ahauuu!» esta dio tres vueltas sobre sí misma.

Cuando se recuperó, Pati estaba sola. Pero no se desanimó y volvió a preguntar por ahí: **«¿Qué está de moda bailar?».**

«El vals, por ejemplo –le contestaron–. Pero hay que ser dos, te hace falta una pareja». Pati buscó y buscó con paciencia, hasta encontrar a **Gatenmaier,** un gato totalmente blanco que sabía bailar el vals.

«¿Me enseñas a bailar el vals, Gatenmaier?», preguntó ella.

259

Él, sin ni siquiera contestar, la tomó de las patas y **la arrastró a bailar.** Pati se esforzaba mucho, teniendo mucho cuidado en dónde ponía las patas para no pisar a Gatenmaier.

Pero no era suficiente.

«¡El tiempo! ¡El tiempo! ¡Un, dos, tres! ¡Un, dos, tres! –decía el gato, tirando de ella–. **¡Ligera! ¡Veloz!**».

¡Uno dos tres! ¡Uno dos tres!

La pobre Pati lo hacía lo mejor que podía, siempre con mucho cuidado con las patas, pero, sin querer, metió una pata entre las de su pareja. Gatenmaier tropezó y...

cayó con un gran estruendo.

Enfurecido, se levantó, y dio a Pati tal bofetada que ella giró siete vueltas sobre sí misma.

Cuando dejó de dar vueltas, de Gatenmaier no quedaba ni el rabo.

Pati estaba desconsolada, pero no se rindió. «¿Qué está de moda bailar?», preguntó por ahí.

«El rock and roll, por ejemplo –le contestaron–. Pero hay que ser dos, te hace falta una pareja».

Busca que te busca, Pati encontró a **Gatelvis,** experto en rock and roll, que aceptó bailar con ella.

Bailando y bailando, **sal**tando **y brincando**, Gatelvis hacía **volar** a Pati de un lado a otro mientras ella trataba de no pisarle las patas y no hacerle tropezar.

Pero no conseguía centrarse en el baile.

Finalmente, mientras bailaban, él se fijó en una gata roquera que estaba **bailando alocadamente.** De un tirón se deshizo de Pati, que dio diez vueltas sobre sí misma. Cuando se detuvo, Gatelvis había desaparecido con la gata rockera.

Pati se quedó desesperada y aturdida, cuando un viejo gato con aire señorial, **con el pelo gris,** se le acercó y le dijo: «Perdón señorita, pero acabo de fijarme en cómo giró sobre sí misma hace poco. Creo que usted podría convertirse en una **excelente bailarina de ballet**».

«¿Me tengo que buscar una pareja, verdad?», preguntó ella desconsolada.

«No, no es necesario, querida —contestó el viejo gato—. Puede empezar bailando sola. Luego, cuando haya aprendido, si quiere bailar con una pareja lo podrá hacer. Y, si no quiere, no pasa nada».

Ella aceptó y, siguiendo los consejos del viejo gato gris, que se llamaba **Michinski,** aprendió los pasos de ballet. Como estaba sola y no debía tener cuidado de no pisar las patas de nadie, ni de hacer tropezar a nadie, se convirtió en una bailarina buenísima. Cuando se sintió segura, llegó a bailar con una pareja, y le salió muy bien.

Realizaba correctamente todos los pasos, pero el que se le daba mejor de todos, evidentemente, era la pirueta. De todas las gatas bailarinas del mundo, **Pati era la que daba más vueltas** sobre sí misma, más rápido y con mayor agilidad. Todos los que la veían se preguntaban por qué:

pero nosotros ya lo sabemos, ¿verdad?

Un caracol que se llamaba Pol, después de la lluvia, caminaba lentamente moviendo de un lado a otro sus cuernos. Quería cruzar la pradera para probar unos brotes, tiernos y muy dulces, que había al otro lado.

No tenía prisa y, aunque la tuviera, no podía ir más
rápido porque los caracoles son lentos,
muy lentos, es más, lentísimos.
«Qué **lento** eres. ¡Muy **lento**!», dijo en
cierto momento una voz allí cerca.
El caracol, lentamente, giró la cabeza y *alargó*
sus cuernos-ojos. Un **gusano** amarillo
y gordito se arrastraba a su lado.
«Verás, amigo gusano, no tengo prisa…»,
dijo el caracol.

«¿Por qué? ¿No tienes que llegar a casa?».

«No, gusano, solo quiero llegar donde están esos **brotes** tiernos y muy dulces, al otro lado de la pradera... **Yo la casa la llevo conmigo, ¿ves?**».

El gusano miró el caparazón, admirado.

El caracol añadió: «Cuando me apetece entrar, solo tengo que pararme y

«¡Cómoda, realmente cómoda!», comentó el gusano. Caminaron un rato, en silencio.

enroscarme dentro.

De repente el gusano reflexionó: «¿Sabes, caracol? Tu casa es cómoda, pero…».

«¿Pero qué?», preguntó el caracol **moviendo** los cuernos, interesado.

«Creo que tienes un gran problema».

«¿Un gran problema? ¿De qué se trata?».

«El gran problema es que, cuando estás **enroscado** dentro de tu casa, no te puedes mover», explicó el gusano.

El caracol se quedó un rato en silencio y luego dijo: «Tienes razón, no lo había pensado nunca. Sí, sería bonito poder **avanzar** también cuando estoy dentro de casa. ¡La pradera es tan grande, y los brotes tiernecitos y dulces quedan tan lejos! Si llego demasiado tarde, a lo mejor otro se los ha comido ya o se han puesto duros…».

Siguieron arrastrándose en silencio, ambos reflexionando, durante media hora.

El gusano, que avanzaba más rápido,
de vez en cuando se detenía para
que su compañero no se quedara atrás.
«¿Tú tienes una casa, gusano?»,
rompió el silencio el caracol.

«Pues, la tenía… –contestó él–.
Era un hermoso agujero en la tierra,
debajo de una piedra, cómodo y calentito:
pero un día llegó un **topo** **me echó**».
grande y negro y

«¡Qué malvado! –exclamó Pol el caracol–.
¡Así que te has quedado sin casa!».
«Sí…», suspiró él.
Volvieron a avanzar
en silencio durante
otra media hora.
De vez en cuando
el gusano se
detenía
para esperar
al caracol.

«¡Tengo una idea!», exclamó el caracol de repente. «¿Qué idea?». «Podríamos hacer lo siguiente: cuando yo camino, tú te quedas dentro de mi casa, descansando. Luego, cuando esté cansado, tú sales y yo descanso dentro».

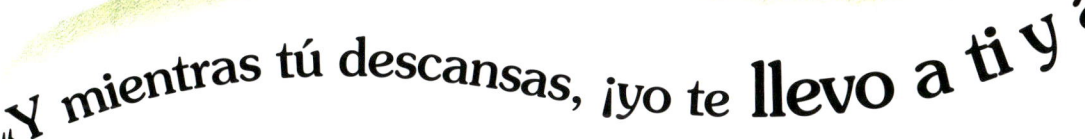

«Y mientras tú descansas, ¡yo te llevo a ti y a la casa!

–continuó el gusano entusiasmado–. Así llegarás a los brotes antes de que se pongan duros o que otro se los coma».
Y eso fue lo que hicieron.
Al principio no fue fácil. Al gusano le costaba entrar en la casa del caracol, y la casa pesaba más con él dentro.

Sin embargo, en breve el gusano aprendió a entrar y salir bien, y el caracol se acostumbró a su huésped.
Hay alguien que dice haber visto, en cierto lugar, un caracol que nunca se detiene: un caracol que va despacio, pero **avanza siempre.**
«¡Nunca se ha visto en el mundo un caracol que se mueva siempre! ¡Qué raro!»

Pero nosotros sabemos que no es tan raro, ¿verdad?

Había una vez un reino gobernado por un rey.

Era un buen rey que se encargaba de todo. Se despertaba por la mañana temprano y se acostaba tarde, cansadísimo. «Mañana, si puedo, iré a darme un buen paseo por el bosque –pensaba a veces el rey antes de dormirse–. Escucharé los pajaritos, el murmullo de los **arroyos,** me tumbaré debajo de un **árbol,** en la sombra, mirando el **cielo** entre las **hojas…**».

Al día siguiente, sin embargo, tenía **demasiadas cosas que hacer:** ocuparse de la justicia, de las leyes, recibir a los embajadores, presidir el consejo de ministros, y así nunca encontraba un rato para su paseo en el bosque.

«Si lo consigo, mañana me voy a dar un paseo por el jardín del palacio, y oleré las flores», pensaba el rey antes de dormirse: pero al día siguiente, debido a todo lo que tenía que hacer, no encontraba un rato para oler las flores. El rey no estaba satisfecho con su vida, pero no sabía qué hacer, porque un rey no puede cambiar de trabajo.

Un día, mientras estaba pasando con la carroza entre la muchedumbre, se fijó en un hombre que se le parecía como una gota de agua. Solo él se enteró de ese tremendo parecido porque los reyes, en aquel tiempo, iban con el rostro **maquillado** y nadie conocía exactamente su cara.

Pero él sí que la conocía. Mandó parar la carroza, llamó al caballero de la escolta y le dijo: «¡Mira allí!».

"¿Ves a aquel hombre vestido de verde? ¡Síguele y descubre quién es y dónde vive!».

El caballero cumplió sus órdenes y unas horas después volvió a hablar con el rey. «Ese hombre es un leñador, majestad. Se llama Antonio, pero todos le llaman **Toño**. Vive en una **casita** cerca del **bosque,** con su niño. Se ha quedado solo porque su mujer murió hace un año». Esa misma noche, el rey se vistió de manera sencilla, salió del castillo y se fue a la casita de Toño. El hombre estaba cortando leña mientras su hijo jugaba con un caballito de madera que su padre le había construido. «Buenas noches, Toño», le saludó el rey. «Buenas noches, peregrino», contestó el leñador.

Antonio dejó de cortar leña y le miró para ver si le estaba tomando el pelo.

«No te estoy tomando el pelo, Toño –le aseguró el rey–. Soy el rey de verdad, y ahora te voy a explicar por qué he venido a verte».

Y le fue contando su vida: **lo cansado que estaba por no tener nada de tiempo para él,** de cómo, viendo a alguien que se le parecía tanto, se le ocurrió pedirle que **ocupara su lugar** de vez en cuando.

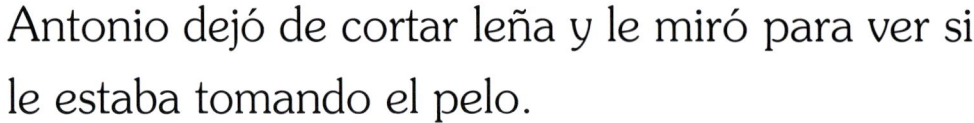

«Te enseñaré a portarte como un rey –le dijo–. Luego, de vez en cuando, tú vendrás a palacio por la noche y por la mañana ocuparás mi lugar sentado en mi trono, dirigiendo a los ministros, recibiendo a embajadores y cosas por el estilo. Mientras tanto yo podré descansar un poco y hacer lo que deseo».

Antonio, finalmente, dijo: «Entiendo, mi buen rey. Me gustaría mucho ayudarte, pero hay un problema».

«¿Qué problema?».

«Mientras yo hago de rey en tu lugar, **¿quién hará de Toño?** Como ves, estoy solo y mi hijo no se puede quedar abandonado. Y tampoco puedo abandonar mi trabajo...».

«Entiendo –comentó el rey–. Haremos lo siguiente: tú aprenderás a hacer el rey y yo aprenderé a hacer el leñador y a cuidar del niño».

«Empecemos enseguida, entonces», concluyó Toño. Puso el hacha en las manos del rey y empezó a enseñarle a partir leña. Así, después de tres meses, en una **noche** sin **luna,** Toño se fue a palacio y por la mañana **fue él el que se sentó en el trono,** recibiendo a los embajadores y debatiendo asuntos con los ministros del reino.

Como el rey le tenía bien enseñado y el leñador era una persona sensata, nadie se enteró de que él no era el verdadero rey.

Mientras tanto el rey, en la cabaña, partía leña, cocinaba para el niño, jugaba con él, le llevaba a recoger fresas y a mirar las **mariposas** en el bosque: vamos, que se lo pasaba genial.

Pero el pequeño, que se llamaba **Serafín,** había notado que aquel no era su padre: creía que era un tío suyo, y le llamaba «tío Luis»...

Un caballo para Ojoslindos

Había un hombre que se llamaba Julián, y vendía caballos.

Era malvado y maltrataba a sus criados. En cambio, cuidaba de los caballos, no porque les tuviera cariño, sino porque los vendía y era necesario que estuvieran bien cuidados y alimentados.

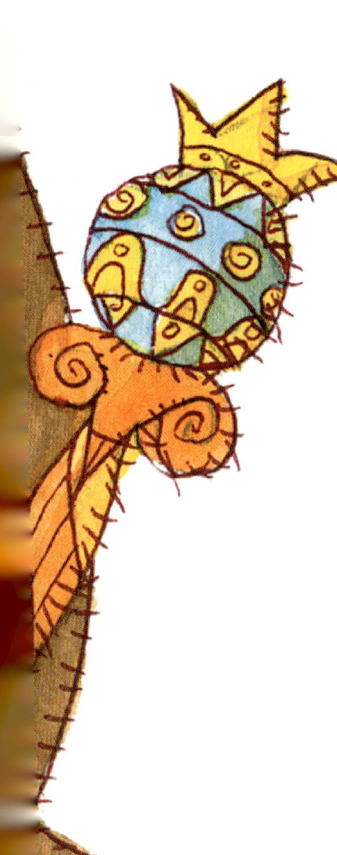

Un día el **rey** le mandó llamar y le dijo: «Julián, el mes que viene me casaré con la **princesa Ojoslindos**, y le quiero regalar un caballo de especial hermosura».

«¡Yo tengo caballos preciosos, majestad! –afirmó Julián haciendo una profunda reverencia–. Pero para tu esposa hace falta un animal de más valor. Para servirte iré a donde crían los mejores caballos del reino».

«**Compra algo digno de Ojoslindos** –ordenó el rey–. No tengas en cuenta el precio porque, cuando me lo traigas, te daré el doble de lo que te hayas gastado».

Feliz por la futura ganancia, Julián se fue a casa corriendo y gritó al más joven de los criados: **«¡Basilio, prepara el caballo! ¡Tenemos que viajar!»**.

«¿Por qué te llevas a Basilio? –le preguntó su mujer–. ¡Para cuidar de un caballo de gran valor, deberías llevarte a un criado más experto!».

«¡Los criados mayores comen el doble cuando viajan! –afirmó Julián–. En cambio a Basilio le bastarán un cacho de pan y dos manzanas».

Y fue así como partieron: Julián a caballo y Basilio andando. Después de una semana llegaron a su destino y se pusieron a buscar entre las ganaderías.

Había caballos bonitos en todas, pero Julián no se quedó satisfecho hasta que encontró uno con el **pelaje rojo:** un caballo raro por su belleza. «¡Cuesta **cien escudos de oro!**», dijo el ganadero.

«¡Aquí tienes! –contestó Julián–. ¡Cuando le lleve esta maravilla, el rey me pagará doscientos escudos bien tintineantes!».

Luego, con el caballo custodiado entre él y Basilio, Julián tomó la vía del regreso. Le daba de comer forraje fresco al **caballo nuevo** y al suyo, mientras que a Basilio le daba poco o nada.

Hay que saber que Basilio, a pesar de que le trataran mal, no lo pagaba con el caballo nuevo: todo lo contrario, lo cepillaba con cuidado y le acariciaba el morr, porque le gustaban los caballos. Cuando el **caballo rojo** recibía estas atenciones, **bajaba y subía la cabeza lentamente.**

«¡Cámbiale la herradura delantera al caballo nuevo, Basilio! –gritaba Julián–. ¡Aleja las moscas con una rama! ¿Quieres que llegue al palacio del rey cansado y enfermo?».

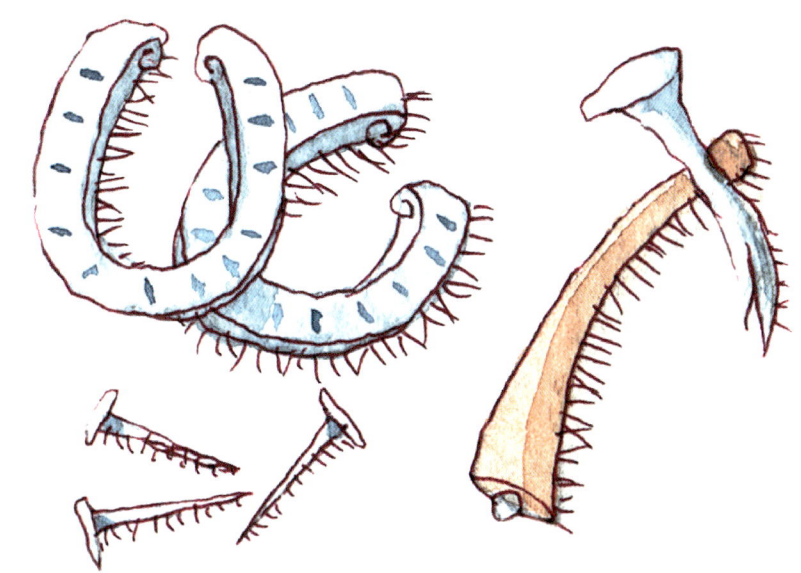

Caminando y venga a caminar, llegaron finalmente al castillo.

«¡Hemos llegado, por fin! –dijo Julián cruzando el puente para pasar el río–. ¡Ya oigo el sonido de **doscientos escudos de oro** en mis bolsillos!».

Cuando estuvo ya encima del puente, se dio la vuelta: ¿y qué vio?

El caballo nuevo no le había seguido, sino que había bajado al río y estaba a punto de entrar en el **agua.**

«¡Basilio! ¿No le diste de beber al caballo?».

El chico se fue corriendo hacia el río gritando:

«¡Sí le di, Julián! ¡Pero me ha arrancado las riendas de las manos!».

«¡Apártale del agua antes de que se moje! ¡Y, cuidado, no le estropees el pelo!».

Pero el caballo, con pasos tranquilos, se metió más y más en el **agua,** sin prestar atención a las llamadas del chico. Julián bajó de la silla y corrió al río. Pero el animal ya tenía el agua **hasta el cuello.** Gritaron, suplicaron, amenazaron: nada, el caballo no se movía.
Solo la cabeza emergía del agua.
Julián estaba desesperado:

"¡Ay, pobre de

Entonces el rey, al regresar de la caza, vio la escena.

«¿Es ese el caballo para Ojoslindos?», preguntó.

«Sí, majestad –contestó enseguida Julián haciendo una reverencia–. ¡Es un caballo hermoso, el más bonito que haya visto nunca!».

«Tal vez, Julián –comentó el rey–, pero yo lo único que veo es una **cabeza de caballo.** Debajo podría estar delgado y sin pelo. Sácalo del agua para que lo vea, **y te pagaré**».

Luego se fue al castillo.

¿Vosotros creéis que el caballo le hizo caso a Julián? ¡Qué va! Se quedaba dentro del río y, de vez en cuando, sacudía la cabeza para mantener alejados los bichos.

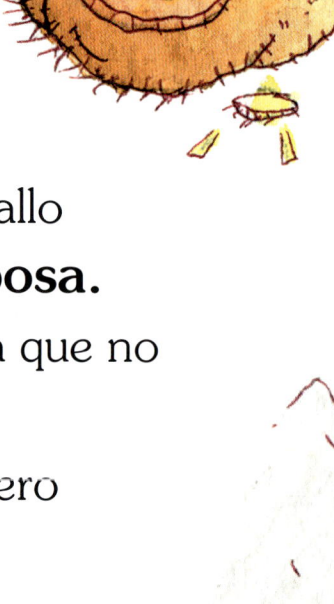

Por la noche volvió el rey y dijo: «Tu caballo se cree un pez, Julián: pero un caballo que se cree un pez **no vale para mi esposa.** Llévate pues la mitad de lo que gastaste, ya que no me has servido como es debido».

Julián, pálido y desanimado, se llevó el dinero y se marchó refunfuñando.

Basilio, en cambio, se quedó allí porque no quería abandonar al caballo.

«¿Quieres a este animal, verdad?», le preguntó el rey. «Sí, mucho», contestó Basilio acariciando el hocico que estaba fuera del agua. Y de repente el animal, por su propia voluntad, se movió y **salió del río.**

«Realmente es un animal bonito –comentó el rey–. Aunque creo que prefiere llevarte a ti en vez de llevar a una reina. Aquí tienes: **para ti la otra parte del dinero destinado a Julián».**

Le entregó una **bolsa de monedas de oro,** y volvió al castillo.

Entonces Basilio se amarró bien la bolsa, saltó encima de la silla del caballo y se fue al galope en busca de aventuras.

Chipo y Cloque

La gallina Cloque y el pollito Chipo caminaban por la era. Ella iba delante y él, detrás.

Ella picoteaba el suelo encontrando un bicho o una semilla. Él hacía lo mismo, pero sobre todo estaba contento porque caminaba detrás de su mamá, que era guapa, suave y tranquila.

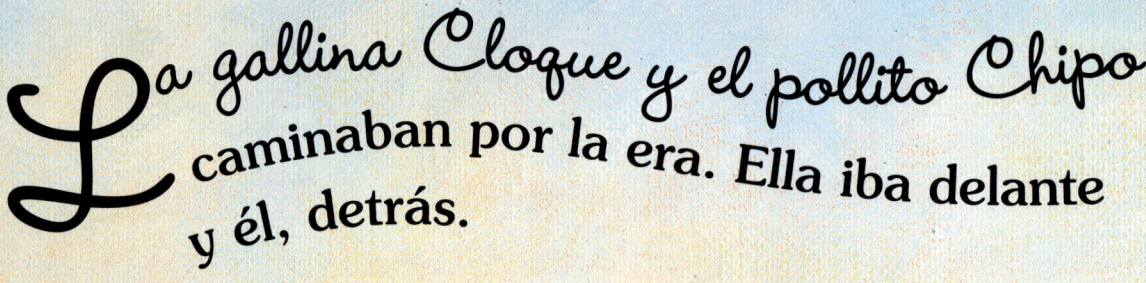

Chipo nunca se **a l e j a b a** mucho de Cloque, solo de vez en cuando se quedaba unos pasos **a...trás:** cuando se enteraba **a c e l e r a b a** enseguida y volvía corriendo a su lado.

«¿Sabes que no naciste de tu mamá?», dijo un día una vocecita detrás de él cuando se quedó un paso atrás. Chipo se dio la vuelta y vio que el que hablaba era **Michi, el gatito pequeño.**

«¡Eso es mentira!», exclamó el pollito agachando la cabeza.

«No es mentira, Chipo», insistió.

«¡Yo nací de mi mamá, en cambio tú naciste de un huevo! Ella tan solo lo mantuvo calentito para que salieras».

Chipo se quedó sin aliento por la sorpresa y por el susto. Movió las patitas lo más rápido que pudo y alcanzó a su mamá piando de pena.

«No, mamá. Bueno, sí...», contestó Chipo resoplando. «Tranquilo, Chipo. Cuéntame lo que ha pasado», dijo su mamá.

Él **buscó cobijo debajo de ella** y le contó lo que le dijo Michi.

Cuando terminó, la gallina sacudió la cabeza y exclamó: «¡Ese Michi es un gatito maleducado! **¡Molesto y mentiroso!** Tienes que saber, Chipo, que es cierto que naciste de un huevo, pero ese huevo salió de mí. Así, antes de que yo pusiera ese huevo, tú estabas dentro de mí, igual que Michi estaba dentro de la tripa de su mamá. ¿Comprendes ahora?».

«Sí, mamá, lo he entendido», contestó Chipo, y como creía mucho más a su mamá que al gatito, se relajó y volvió a seguir a su mamá como hacía antes.

Sin embargo, al día siguiente ahí estaba de nuevo Michi que, cuando vio a Chipo un poco lejos de su mamá, le preguntó: «¿Sabes dónde se encontró el huevo del que naciste?». **«¡El huevo lo hizo mi mamá!»**, contestó Chipo indignado.

«Eso es lo que te habrá contado ella –replicó Michi–. Piénsalo: ¿cómo puede una cosa tan rígida salir de una gallina tan suave?

Encontró el huevo **en la orilla del arroyo**, de donde vienen todos los huevos».

«Lo pondría un pez o una culebra...».
Chipo rompió a llorar y se fue corriendo a buscar a su mamá. «¿Qué te pasa, Chipo?», preguntó Cloque.
Cuando la gallina se enteró de lo que dijo Michi, se enfadó y se fue a contárselo a **Minina**, la gata.
«¡Michi, ven ahora mismo!», **chilló la gata furiosa.**
El gatito, con el rabo entre las patas, se acercó a su mamá. «¿Es cierto que le dijiste a Chipo esto y aquello?», preguntó la gata mirándole fijamente. «Sí, mamá... Se lo dije... Es que quería gastarle una broma...».
Entonces la gata le regañó tanto que todavía se acuerda. Y desde entonces Michi dejó de decir mentiras.

Pero Chipo estaba triste.

«**¿Qué te pasa, peque**ñín? –preguntó Cloque–. ¿Sigues pensando en lo que dijo Michi?».

«No, mamá, a ver, sí... Verás, ya sé que el huevo lo pusiste tú, pero también es cierto que no nací directamente de tu tripa, sabes, y eso me pone triste...».

Cloque sacudió la cabeza y reflexionó un poco. Luego tuvo una idea. Esa misma noche, cuando Chipo se acurrucó cerca de ella para dormir, Cloque preparó en ella misma con el pico una especie de **cunita**, arreglando sus plumas, y dijo:

«Cariñín, ¿te apetecería dormir por la noche en esta cunita de plumas, en lugar de ahí en el suelo?».

Imaginaos lo mucho que le gustó la idea a Chipo. Sin decir ni una palabra, de un **brinquito** saltó encima de la tripa de mamá y allí se quedó, feliz, toda la noche.

Todas las noches, hasta que se hizo demasiado grande para caber allí,

Chipo durmió en la cunita especial de mamá y, de vez en cuando, abriendo los ojos, jugaba a imaginar que todavía era pequeño, muy pero que muy pequeño...

El tren del circo

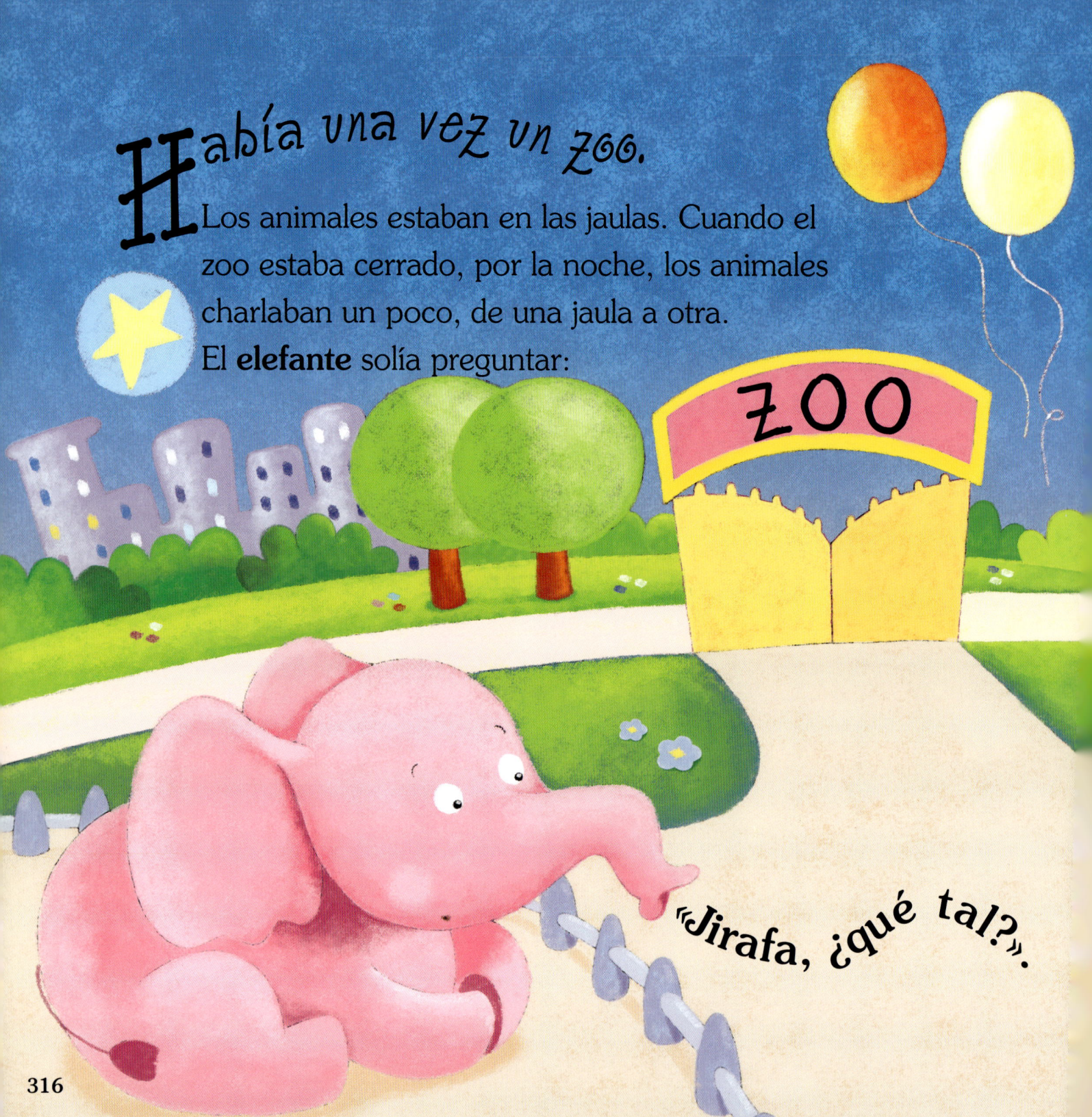

Había una vez un zoo.

Los animales estaban en las jaulas. Cuando el zoo estaba cerrado, por la noche, los animales charlaban un poco, de una jaula a otra.

El **elefante** solía preguntar:

«Jirafa, ¿qué tal?».

Y la **jirafa** solía contestar:

«Hay para comer, pero…».
Y se quedaba callada.
La noche siguiente, la **cebra** solía preguntar: «Elefante, ¿qué tal?». Y el elefante solía contestar: «Hay para beber, pero…».
La noche siguiente, la jirafa solía preguntar: «Oye cebra, ¿qué tal?».
Y la cebra solía contestar: «Hay visitantes, pero…», y luego se callaba.

Hay que saber que detrás de las tres jaulas estaba aparcado el **trenecito** del zoo, que durante el día llevaba a los visitantes más pequeños y a todos los que quisieran. Los trenecitos son muy pacientes, pero de tanto escuchar aquellas preguntas siempre iguales y aquellas respuestas siempre cortadas, el trenecito una noche estalló **diciendo:** «¡Pero bueno, elefante, jirafa y cebra! Vosotros contestáis "Hay para comer, pero…"; "Hay para beber, pero…"; "Hay visitantes, pero…", y luego os calláis. ¿Se puede saber **qué significa ese "pero"?**».

«Significa que…», empezó el elefante.

«Significa que echamos de menos…», siguió la jirafa.

«¡Significa que echamos de menos la libertad!», terminó la cebra.

El trenecito permaneció un poco en silencio y luego exclamó: «¿Nada más? **¿Queréis volver a ser libres?**

Si queréis, me engancho a los barrotes de las jaulas, tiro de ellos y, ¡zas! ¡Podréis escapar y correr hasta **África!**».

«Bueno, pues...», dijo la cebra.

«Bueno, pues, sabes...», añadió la jirafa.

«Bueno, pues, sabes, nosotros...», siguió el elefante. El trenecito esperó y luego preguntó: «¿Vosotros qué?». «Nosotros ya no sabríamos vivir en África... –dijo la cebra–. Nosotros nacimos aquí, no sabríamos vivir en la sabana...».

«Y tampoco sabríamos llegar hasta allí», añadió la jirafa.

«Pero, verás, sobre todo... –continuó el elefante–, amigo trenecito, lo más importante es que a nosotros nos gusta divertir a los niños... Nos hemos acostumbrado a ellos, y en la sabana no habría. ¿Comprendes?».

El trenecito se quedó otro rato pensando, y luego dijo: «Escuchad: ¿os apetecería salir de las jaulas sin ir a África? ¿Os apetecería **ir por ahí y que los niños os vean** en ciudades, pueblos, aldeas, incluso donde haya muy pocas casas? Pero para eso tenéis que aprender a hacer algo más que quedaros quietos hablando…

Claro, cosas que sean fáciles».
Los tres permanecieron en silencio.
Y de repente, exactamente al mismo
tiempo, exclamaron:
«¡Sí, nos gustaría!».
«¡Y a mí también!», dijo el trenecito,
aburrido de hacer siempre la misma
ruta dentro del zoo. Así, uno tras otro
se engancharon a los barrotes
de las jaulas y tiró de ellos y

¡zaS! ¡zaS! ¡zaS!

se abrieron tres huecos
para escapar.

Y, desde aquel día, hay un pequeño CIRCO formado por una jirafa, una cebra y un elefante, que da vueltas por el mundo. Hay suficiente para comer, hay suficiente para beber, muchos espectadores, pero sobre todo... ¡hay libertad!

Lola y el agua

Una cariñosa abuelita que se llamaba Lola

tenía un pozo cerca de su casa, del cual cogía el agua para beber y cocinar. Para lavarse y hacer la colada usaba la del arroyo que bajaba de la montaña, que quedaba a cien pasos.

Lola era alegre, simpática y generosa. Vivía gracias a la leche de tres cabras, los huevos de seis gallinas, castañas, nueces y muchos más productos de la tierra.

Antes estaba casada, pero su marido murió.

Tenía tres hijos y muchos nietos, pero todos se marcharon.

Cuando un viajero pasaba por allí, ella le **saludaba** y siempre le invitaba a beber agua.

«**Toma un poco de agua de mi pozo, forastero.**

Solo es agua, pero es cristalina y refrescante».

Todos aceptaban el ofrecimiento, o casi todos, porque algunos temían que Lola fuese una bruja y les quisiera envenenar. Cuando alguien la rechazaba, ella **se encogía de hombros** y la bebía, diciendo:

«¡El agua es un bien precioso: no hay que desperdiciarla!».

Una mañana bajó el cubo en el pozo y oyó que tocaba el fondo seco. Era algo que no le había pasado nunca, porque allí abajo había un manantial que descubrió el abuelo del tatarabuelo de Lola.

«**¿Qué está pasando?**», preguntó asomándose. No vio a nadie, pero oyó una **voz fresca,** como un **susurro**, que dijo: «Ocurre que estoy cansada de trabajar para los que pasan por aquí». «¿Quién eres?», preguntó Lola. «¡Soy la capa acuífera que el abuelo de tu tatarabuelo descubrió! –contestó la voz–. Durante años, desde que se cavó el pozo, no he dejado de recoger agua…». «Te lo agradezco mucho, capa –dijo Lola–. Y ahora, ¿qué es lo que pasa?». «Pasa que **el mundo se está** secando, amiga –contestó la capa–. Cada vez me cuesta más recoger el agua aquí abajo. ¡Y mientras yo me esfuerzo, tú la regalas a todos los que vienen de paso!». «Tienes toda la razón. De ahora en adelante no la ofreceré a todos», dijo Lola.

Así, cuando los viajeros pasaban por allí, Lola no les ofrecía agua, y ellos, aunque no protestaban, tenían la mirada triste. Ella lo notaba y eso la entristecía.

Un día, asomándose al pozo, dijo: «Capa, me duele que los viajeros me miren de esa manera tan triste. ¿Qué puedo hacer?». Desde abajo, la capa se quedó un rato en silencio, y luego contestó: «**A lo mejor hay remedio, Lola**». «¿Cuál?». «Tienes que saber que el agua llega hasta aquí desde la tierra, pasando por centenares de pequeños caminos… Si hubiera más caminos, **llegaría más agua,** así podrías ofrecerla a los viajeros…».

«¿Cómo podrían hacerse millares de caminos?», preguntó Lola.

«Deberían cavarlos los bichitos de la tierra...

Pero los bichos no trabajan nada. Tal vez, si de vez en cuando recibieran un premio o un regalo...».
«¿Cómo qué, por ejemplo?». «Por ejemplo una tarta, o un bizcocho... Los bichos son muy golosos».

Sin esperar ni un minuto más, Lola se puso a cocinar tres **grandes pasteles.** Cuando estuvieron listos, los tiró al pozo. **«¡Dáselos a los bichos!** –dijo–, y si las capas acuíferas también comen, ¡toma un trozo o dos tú también!».
La capa no comió, porque las capas acuíferas no comen tartas: pero rápidamente un montón de bichos tuvieron un poco de pastel y, después de un tiempo, habían cavado miles de nuevos caminos... **¡y el agua volvió a llegar abundante!**

Los viajeros, salvo los que pensaban que Lola era una bruja, volvieron a tomar agua. Cuando alguien echaba el ojo a las tartas que estaban en el borde del pozo, Lola le decía: «Lo siento, amigo, pero esas son para el pozo. No te las puedes comer».
Los viajeros no entendían, pero seguían disfrutando de esa agua cristalina y refrescante.

La rana Melodía

Hace mucho tiempo

vivía la rana **Melodía** que, como todas las ranas, disfrutaba estando en remojo, en la orilla del río, haciendo su **croac croac.**

Pero Melodía nació con una voz tan potente, tan profunda, que cuando decía **croac croac** se escapaban los peces del lago y los ratones de la orilla, y los pájaros, las mariposas y las libélulas levantaban el vuelo. «¡Cierra **la boca!** –chillaban las voces del cañaveral–. ¡Suenas peor que los perros de los cazadores!», se quejaban los patos. Melodía, ante esas protestas, se quedaba callada durante un rato, contentándose con hacer unos ruiditos con la tripa: pero poco a poco notaba cómo crecía en ella el deseo, las ganas, la necesidad de decir **croac croac**, y volvía a empezar.

«¡Calla ya, o te voy a dar un picotazo!», le amenazaba la grulla del estanque.

«¡Como no te calles, te voy a pegar un mordisco!», resoplaba el lucio asomándose a la superficie del agua. Hasta las ranas que vivían cerca no aguantaban su voz potente y, asustadas, salpicaban **saltando** por todos lados.

Hay que saber que a la pobre Melodía no solo no le permitían cantar, sino que además nadie quería estar a su lado por miedo a oír ese terrible **croac croac**.
Así que decidió ir a buscar un lugar solitario.
«Si tengo que quedarme sola –pensó–, ¡por lo menos voy donde pueda cantar!».

Nadando y brincando, llegó a un estanque triste y perdido en medio de la nada, donde vivían muy pocas criaturas.
Pero cuando Melodía empezó su concierto, hasta esas pocas huyeron lejos. Ahora el caso parecía arreglado: pero no.
Cerca del estanque había un bosque, y dentro del tronco de una antigua haya vivían los **Minus**, unos duendes diminutos expertos en fabricar instrumentos musicales.
¿Qué pasó? Escuchad y lo sabréis.

Feliz de no molestar a nadie, Melodía ahora no decía **croac croac** solo de día, sino también por la noche. Bajo el encanto de las estrellas, decía todos los **croac croac** que antes no pudo. En su árbol, los minus daban **vueltas y vueltas** en sus pequeñas camas. De día el croac croac no les molestaba porque hacían ruido trabajando, pero por la noche era lo único que se escuchaba. «¡Es insoportable!», decían.

«¡Tenemos que hacer algo!». Al día siguiente los minus fueron al estanque: no fue necesario buscar mucho, pues el **croac croac** de Melodía **agitaba las cañas** y el agua alrededor. «Amiga rana, escucha –dijo **Bilba**, el minu más mayor de todos–. **Si sigues cantando** así, **no** podremos **dormir** nunca».

Entonces Melodía contó su triste historia:
«Si tampoco me puedo quedar aquí, ¿dónde puedo ir?».
Los minus se intercambiaron unas miradas.
«A lo mejor podemos hacer algo», dijo Bilba.
«¿Conseguirás no cantar esta noche?».
«Sí, claro que podré», suspiró ella.
«Nos vemos aquí mañana
por la mañana»,
dijo Bilba, y se marchó
con los demás.

Los minus, aunque estaban cansados de haber dormido poco la noche anterior, trabajaron todo el día: unos fueron a cortar cierta madera, otros llevaron los trozos a ciertos lugares, otros los pintaron con ciertos barnices, otros prepararon cierto pegamento. A la mañana siguiente, con todo lo que tenían preparado, fueron a ver a Melodía. «¿Dormisteis anoche, **amigos duendes?**», preguntó la rana. «Sí, gracias», contestaron a coro.

«Amiga rana, ¿ves estos **cinco trozos de madera de colores?** Proceden de cinco árboles diferentes», explicó Bilba.

«En uno hemos puesto el sonido del **agua**,
en otro el del **aire,** en otro el de la **piedra,**
en otro el de la **voz humana**».

«¿Y en el último trozo?», **preguntó la rana.**

«En el último está el sonido de tu voz:
pero flojito, sin pasarnos».

«¿Y qué tengo que hacer?», preguntó Melodía.

«Colocaremos los trocitos de madera en tu espalda, y por arte de magia, cuando cantes tu croac croac se convertirá en música. ¿Quieres?».

«Sí, por favor», asintió la rana.

Los minus le pusieron delicadamente los trocitos de madera en la espalda y los pegaron. «Puedo… ¿puedo cantar ahora?», preguntó Melodía con cierto temor.

«Canta, amiga rana», contestó Bilba.

Melodía abrió la boca. En lugar del terrible croac croac, el aire se llenó de una maravillosa melodía.

«¿Te gusta?», preguntó Bilba.

Melodía contestó que sí.

Ese nuevo canto no le gustó solo a ella. Gustó a los bichitos, a los pájaros, a los peces, a los ratones, a las orugas y hasta a las ranas, que se mudaron a vivir a ese lugar para poderla escuchar. Los minus, de día, lo escuchaban de lejos y sonreían. Y si Melodía **cantaba por la noche,** dormían tranquilos, porque esa melodía también era

UNA DULCE NANA.

Índice de cuentos

Las mamás de Cuapé	3	La oruga Aeiou	195
El zoo en el jardín	15	Carlos y el erizo	207
¡Todos libres!	27	El mundo al alcance de las manos	219
Aparece el arco iris	39		
La rabieta de Mosquitita	51	Los dos osos	231
El robot triste	63	El camión Bomberín	243
Tres colores en el cielo	75	La gata Pati	255
Los cuernos de Cornelia	87	El caracol y el gusano	267
Los trucos de Capricho	99	El rey y el leñador	279
El tigre perezoso	111	Un caballo para Ojoslindos	291
La abeja prisionera	123		
Los peces sombra	135	Chipo y Cloque	303
El Sol y la Luna	147	El tren del circo	315
El color de Rita	159	Lola y el agua	327
Tito, Tato y Toto	171	La rana Melodía	339
Los bigotes de Mustá	183